㉕

㉖

㉗

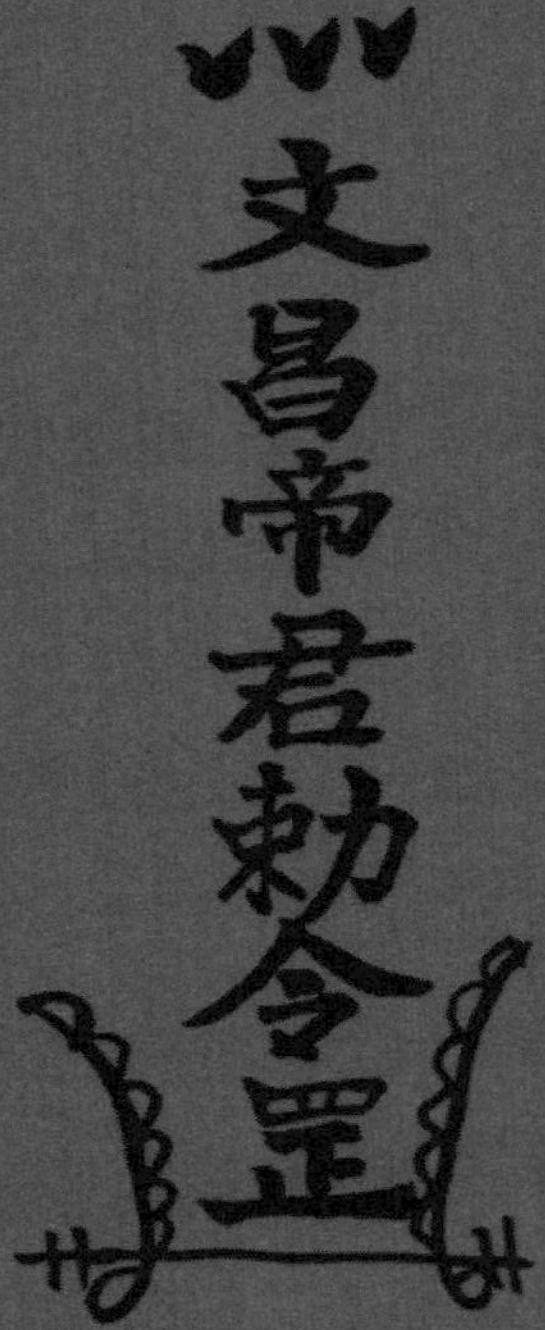

㉘

住所
氏名
生年月日

祈祷済

住所
氏名
生年月日

祈祷済

住所
氏名
生年月日

祈祷済

住所
氏名
生年月日

祈祷済

㉙

㉚

㉛

㉜

住所
氏名
生年月日

祈祷済

住所
氏名
生年月日

祈祷済

住所
氏名
生年月日

祈祷済

住所
氏名
生年月日

祈祷済

2. 台湾の姉 玉仙妃 オーダメイド開運ブレスレット（祈祷入り）

玉仙妃の開運ブレスレットはお客様の生年月日で鑑定し、願い事を確認してそれが成就するように念を込めて製作しております。

お客様の願い事に合うパワーストーンを使い、今のお客様に足りないものをパワーストーンで補うので効果があります。

1本1本お客様のための世界で1つだけのパワーストーンブレスレットを完全オーダーメイドでお作りいたします。

あなただけのオーダメイド開運ブレスレット

台湾の姉 玉仙妃 オーダメイド開運ブレスレット料金体系

パワーストーンブレスレットは予算に応じてお作りします。ブレスレットの値段はご祈祷の種類やパワーストーンの種類・大きさ・産地の違いになります。

金運・商売繁盛・仕事運・恋愛運・結婚運・出会い・健康運・無病息災・癒し・人間関係・対人・願望達成・幸運・開運・才能・合格祈願・お守り・厄除け・魔よけ・出産・子供運・家庭円満・復縁・縁切り。

■問い合せ先

ホームページアドレス

http://www.taiwan.ane.com

電話番号　090-4943-3478

第6章

開運の４ケタ数字――幸運を呼び寄せる数字とは

私たちがふだん何気なく使っている数字――銀行のATMやパソコンなどで使う暗証番号、電話番号、車のナンバープレートだけでなく、誕生日や結婚記念日など、身の回りには多くの数字があふれていますが、そのほとんどが4ケタの数字になっていることにお気づきでしょうか。

「お金がなかなか貯まらない」「カードを持っていると浪費グセが止まらない」のは銀行の口座番号やカード番号に問題があるのかもしれません。また、「プロポーズする日をいつにしようか」「大切な商談があるけど、いつにしたらよいか」などを決めるのに迷ったことはありませんか。幸運を呼び寄せる日にちはあらかじめ決まっているのです。それが、開運の4ケタ数字です。

銀行の口座番号などのように5ケタ以上の数字のときは下4ケタを使い、1月12日のように4ケタにならないときは0112と、最初に0を付けます。該当する数字を対照表に当てはめ、「大吉」「小吉」「半吉」「末吉」「凶」かどうかを調べます。

「大吉」は90点で、最もよい数ですが、満点の100点にするためには本書で説明した他の開運法を試みることです。「小吉」は75点で、悪くはありませんが、よりよくするためには他の開運法を積極的に試みるとよいでしょう。

「半吉」は60点で、日本の占いでいう「吉」に相当します。「末吉」は45点、「凶」は30点ですが、悲観することはありません。他の開運法で努力すれば確実に運気がアップしていくことになるのです。

とはいえ、暗証番号や携帯番号、車のナンバーなどのように変えることができる数字であるなら、「大吉」の数字に変えていてはいかがでしょうか。

0000	大吉
0001	半吉
0002	凶
0003	末吉
0004	末吉
0005	半吉
0006	大吉
0007	半吉
0008	小吉
0009	小吉
0010	凶
0011	大吉
0012	末吉
0013	大吉
0014	末吉
0015	小吉
0016	小吉
0017	半吉
0018	凶
0019	半吉
0020	凶
0021	凶
0022	凶
0023	末吉
0024	半吉
0025	小吉
0026	凶
0027	半吉
0028	大吉
0029	半吉
0030	末吉
0031	末吉
0032	小吉
0033	小吉
0034	小吉
0035	末吉
0036	末吉
0037	小吉
0038	凶
0039	小吉
0040	末吉
0041	大吉
0042	大吉
0043	小吉
0044	凶
0045	凶
0046	大吉
0047	末吉
0048	凶
0049	大吉

0050	凶
0051	凶
0052	半吉
0053	大吉
0054	凶
0055	大吉
0056	小吉
0057	小吉
0058	大吉
0059	末吉
0060	小吉
0061	小吉
0062	小吉
0063	末吉
0064	大吉
0065	半吉
0066	凶
0067	末吉
0068	大吉
0069	小吉
0070	末吉
0071	半吉
0072	凶
0073	半吉
0074	大吉
0075	半吉
0076	末吉
0077	半吉
0078	小吉
0079	小吉
0080	半吉
0081	凶
0082	半吉
0083	半吉
0084	凶
0085	凶
0086	半吉
0087	大吉
0088	凶
0089	凶
0090	末吉
0091	半吉
0092	凶
0093	大吉
0094	凶
0095	小吉
0096	小吉
0097	末吉
0098	大吉
0099	凶

0100	大吉
0101	半吉
0102	凶
0103	末吉
0104	末吉
0105	半吉
0106	大吉
0107	半吉
0108	小吉
0109	小吉
0110	半吉
0111	小吉
0112	末吉
0113	大吉
0114	凶
0115	大吉
0116	大吉
0117	大吉
0118	半吉
0119	大吉
0120	末吉
0121	大吉
0122	末吉
0123	小吉
0124	小吉
0125	大吉
0126	凶
0127	凶
0128	小吉
0129	凶
0130	半吉
0131	末吉
0132	凶
0133	末吉
0134	凶
0135	凶
0136	半吉
0137	小吉
0138	小吉
0139	凶
0140	凶
0141	小吉
0142	小吉
0143	大吉
0144	小吉
0145	大吉
0146	末吉
0147	凶
0148	末吉
0149	大吉

0150	半吉
0151	小吉
0152	末吉
0153	半吉
0154	凶
0155	大吉
0156	凶
0157	半吉
0158	末吉
0159	大吉
0160	小吉
0161	凶
0162	半吉
0163	小吉
0164	半吉
0165	大吉
0166	末吉
0167	半吉
0168	末吉
0169	小吉
0170	末吉
0171	凶
0172	末吉
0173	小吉
0174	末吉
0175	半吉
0176	半吉
0177	大吉
0178	小吉
0179	大吉
0180	凶
0181	小吉
0182	大吉
0183	凶
0184	半吉
0185	大吉
0186	凶
0187	末吉
0188	大吉
0189	凶
0190	小吉
0191	大吉
0192	半吉
0193	凶
0194	末吉
0195	小吉
0196	大吉
0197	大吉
0198	小吉
0199	末吉

0200	大吉
0201	凶
0202	末吉
0203	凶
0204	末吉
0205	小吉
0206	小吉
0207	凶
0208	小吉
0209	大吉
0210	半吉
0211	凶
0212	半吉
0213	大吉
0214	凶
0215	凶
0216	凶
0217	半吉
0218	大吉
0219	凶
0220	小吉
0221	大吉
0222	凶
0223	半吉
0224	大吉
0225	半吉
0226	大吉
0227	凶
0228	大吉
0229	小吉
0230	凶
0231	大吉
0232	半吉
0233	大吉
0234	凶
0235	大吉
0236	半吉
0237	大吉
0238	末吉
0239	半吉
0240	半吉
0241	小吉
0242	小吉
0243	大吉
0244	大吉
0245	末吉
0246	凶
0247	凶
0248	大吉
0249	凶

0450	半吉	0400	小吉	0350	半吉	0300	小吉	0250	凶
0451	凶	0401	凶	0351	小吉	0301	小吉	0251	大吉
0452	半吉	0402	半吉	0352	末吉	0302	小吉	0252	末吉
0453	大吉	0403	小吉	0353	大吉	0303	末吉	0253	大吉
0454	凶	0404	半吉	0354	凶	0304	大吉	0254	末吉
0455	凶	0405	大吉	0355	大吉	0305	半吉	0255	小吉
0456	凶	0406	末吉	0356	大吉	0306	凶	0256	小吉
0457	半吉	0407	半吉	0357	大吉	0307	末吉	0257	半吉
0458	大吉	0408	末吉	0358	半吉	0308	大吉	0258	凶
0459	凶	0409	小吉	0359	大吉	0309	小吉	0259	半吉
0460	小吉	0410	末吉	0360	末吉	0310	末吉	0260	凶
0461	大吉	0411	凶	0361	大吉	0311	半吉	0261	凶
0462	凶	0412	末吉	0362	末吉	0312	凶	0262	凶
0463	半吉	0413	小吉	0363	小吉	0313	半吉	0263	末吉
0464	大吉	0414	末吉	0364	小吉	0314	大吉	0264	半吉
0465	半吉	0415	半吉	0365	大吉	0315	半吉	0265	小吉
0466	大吉	0416	半吉	0366	凶	0316	末吉	0266	凶
0467	凶	0417	大吉	0367	凶	0317	半吉	0267	半吉
0468	大吉	0418	小吉	0368	小吉	0318	小吉	0268	大吉
0469	小吉	0419	大吉	0369	凶	0319	小吉	0269	半吉
0470	凶	0420	凶	0370	半吉	0320	半吉	0270	末吉
0471	大吉	0421	小吉	0371	末吉	0321	凶	0271	末吉
0472	半吉	0422	大吉	0372	凶	0322	半吉	0272	小吉
0473	大吉	0423	凶	0373	末吉	0323	半吉	0273	小吉
0474	凶	0424	半吉	0374	凶	0324	凶	0274	小吉
0475	大吉	0425	大吉	0375	凶	0325	凶	0275	末吉
0476	半吉	0426	凶	0376	半吉	0326	半吉	0276	末吉
0477	大吉	0427	末吉	0377	小吉	0327	大吉	0277	小吉
0478	末吉	0428	大吉	0378	小吉	0328	凶	0278	凶
0479	半吉	0429	凶	0379	凶	0329	凶	0279	小吉
0480	半吉	0430	小吉	0380	凶	0330	末吉	0280	末吉
0481	小吉	0431	大吉	0381	小吉	0331	半吉	0281	大吉
0482	小吉	0432	半吉	0382	小吉	0332	凶	0282	大吉
0483	大吉	0433	凶	0383	大吉	0333	大吉	0283	小吉
0484	大吉	0434	末吉	0384	小吉	0334	凶	0284	凶
0485	末吉	0435	小吉	0385	大吉	0335	小吉	0285	凶
0486	凶	0436	大吉	0386	末吉	0336	小吉	0286	大吉
0487	凶	0437	大吉	0387	凶	0337	末吉	0287	末吉
0488	大吉	0438	小吉	0388	末吉	0338	大吉	0288	凶
0489	凶	0439	末吉	0389	大吉	0339	凶	0289	大吉
0490	凶	0440	大吉	0390	半吉	0340	大吉	0290	凶
0491	大吉	0441	凶	0391	小吉	0341	半吉	0291	凶
0492	末吉	0442	末吉	0392	末吉	0342	凶	0292	半吉
0493	大吉	0443	凶	0393	半吉	0343	末吉	0293	大吉
0494	末吉	0444	末吉	0394	凶	0344	末吉	0294	凶
0495	小吉	0445	小吉	0395	大吉	0345	半吉	0295	大吉
0496	小吉	0446	小吉	0396	凶	0346	大吉	0296	小吉
0497	半吉	0447	凶	0397	半吉	0347	半吉	0297	小吉
0498	凶	0448	小吉	0398	末吉	0348	小吉	0298	大吉
0499	半吉	0449	大吉	0399	大吉	0349	小吉	0299	末吉

0500 ~ 0749

0500	凶
0501	凶
0502	凶
0503	末吉
0504	半吉
0505	小吉
0506	凶
0507	半吉
0508	大吉
0509	半吉
0510	末吉
0511	末吉
0512	小吉
0513	小吉
0514	小吉
0515	末吉
0516	末吉
0517	小吉
0518	凶
0519	小吉
0520	末吉
0521	大吉
0522	大吉
0523	小吉
0524	凶
0525	凶
0526	大吉
0527	末吉
0528	凶
0529	大吉
0530	凶
0531	凶
0532	半吉
0533	大吉
0534	凶
0535	大吉
0536	小吉
0537	小吉
0538	大吉
0539	末吉
0540	小吉
0541	小吉
0542	小吉
0543	末吉
0544	大吉
0545	半吉
0546	凶
0547	末吉
0548	大吉
0549	小吉

0550	末吉
0551	半吉
0552	凶
0553	半吉
0554	大吉
0555	半吉
0556	末吉
0557	半吉
0558	小吉
0559	小吉
0560	半吉
0561	凶
0562	半吉
0563	半吉
0564	凶
0565	凶
0566	半吉
0567	大吉
0568	凶
0569	凶
0570	末吉
0571	半吉
0572	凶
0573	大吉
0574	凶
0575	小吉
0576	小吉
0577	末吉
0578	大吉
0579	凶
0580	大吉
0581	半吉
0582	凶
0583	末吉
0584	末吉
0585	半吉
0586	大吉
0587	半吉
0588	小吉
0589	小吉
0590	半吉
0591	小吉
0592	末吉
0593	大吉
0594	凶
0595	大吉
0596	大吉
0597	大吉
0598	半吉
0599	大吉

0600	末吉
0601	大吉
0602	末吉
0603	小吉
0604	小吉
0605	大吉
0606	凶
0607	凶
0608	小吉
0609	凶
0610	半吉
0611	末吉
0612	凶
0613	末吉
0614	凶
0615	凶
0616	半吉
0617	小吉
0618	小吉
0619	凶
0620	凶
0621	小吉
0622	小吉
0623	大吉
0624	小吉
0625	大吉
0626	末吉
0627	凶
0628	末吉
0629	大吉
0630	半吉
0631	小吉
0632	末吉
0633	半吉
0634	凶
0635	大吉
0636	凶
0637	半吉
0638	末吉
0639	大吉
0640	小吉
0641	凶
0642	半吉
0643	小吉
0644	半吉
0645	大吉
0646	末吉
0647	半吉
0648	末吉
0649	小吉

0650	末吉
0651	凶
0652	末吉
0653	小吉
0654	末吉
0655	半吉
0656	半吉
0657	大吉
0658	小吉
0659	大吉
0660	凶
0661	小吉
0662	大吉
0663	凶
0664	半吉
0665	大吉
0666	凶
0667	末吉
0668	大吉
0669	凶
0670	小吉
0671	大吉
0672	半吉
0673	凶
0674	末吉
0675	小吉
0676	大吉
0677	大吉
0678	小吉
0679	末吉
0680	大吉
0681	凶
0682	末吉
0683	凶
0684	末吉
0685	小吉
0686	小吉
0687	凶
0688	小吉
0689	大吉
0690	半吉
0691	凶
0692	半吉
0693	大吉
0694	凶
0695	凶
0696	凶
0697	半吉
0698	大吉
0699	凶

0700	小吉
0701	大吉
0702	凶
0703	半吉
0704	大吉
0705	半吉
0706	大吉
0707	凶
0708	大吉
0709	小吉
0710	凶
0711	大吉
0712	半吉
0713	大吉
0714	凶
0715	大吉
0716	半吉
0717	大吉
0718	末吉
0719	半吉
0720	半吉
0721	小吉
0722	小吉
0723	大吉
0724	大吉
0725	末吉
0726	凶
0727	凶
0728	大吉
0729	凶
0730	凶
0731	大吉
0732	末吉
0733	大吉
0734	末吉
0735	小吉
0736	小吉
0737	半吉
0738	凶
0739	半吉
0740	凶
0741	凶
0742	凶
0743	末吉
0744	半吉
0745	小吉
0746	凶
0747	半吉
0748	大吉
0749	半吉

0750	末吉
0751	末吉
0752	小吉
0753	小吉
0754	小吉
0755	末吉
0756	末吉
0757	小吉
0758	凶
0759	小吉
0760	末吉
0761	大吉
0762	大吉
0763	小吉
0764	凶
0765	凶
0766	大吉
0767	末吉
0768	凶
0769	大吉
0770	凶
0771	凶
0772	半吉
0773	大吉
0774	凶
0775	大吉
0776	小吉
0777	小吉
0778	大吉
0779	末吉
0780	小吉
0781	小吉
0782	小吉
0783	末吉
0784	大吉
0785	半吉
0786	凶
0787	末吉
0788	大吉
0789	小吉
0790	末吉
0791	半吉
0792	凶
0793	半吉
0794	大吉
0795	半吉
0796	末吉
0797	半吉
0798	小吉
0799	小吉

0800	半吉
0801	凶
0802	半吉
0803	半吉
0804	凶
0805	凶
0806	半吉
0807	大吉
0808	凶
0809	凶
0810	末吉
0811	半吉
0812	凶
0813	大吉
0814	凶
0815	小吉
0816	小吉
0817	末吉
0818	大吉
0819	凶
0820	大吉
0821	半吉
0822	凶
0823	末吉
0824	末吉
0825	半吉
0826	大吉
0827	半吉
0828	小吉
0829	小吉
0830	半吉
0831	小吉
0832	末吉
0833	大吉
0834	凶
0835	大吉
0836	大吉
0837	大吉
0838	半吉
0839	大吉
0840	末吉
0841	大吉
0842	末吉
0843	小吉
0844	小吉
0845	大吉
0846	凶
0847	凶
0848	小吉
0849	凶

0850	半吉
0851	末吉
0852	凶
0853	末吉
0854	凶
0855	凶
0856	半吉
0857	小吉
0858	小吉
0859	凶
0860	凶
0861	小吉
0862	小吉
0863	大吉
0864	小吉
0865	大吉
0866	末吉
0867	凶
0868	末吉
0869	大吉
0870	半吉
0871	小吉
0872	末吉
0873	半吉
0874	凶
0875	大吉
0876	凶
0877	半吉
0878	末吉
0879	大吉
0880	小吉
0881	凶
0882	半吉
0883	小吉
0884	半吉
0885	大吉
0886	末吉
0887	半吉
0888	末吉
0889	小吉
0890	末吉
0891	凶
0892	末吉
0893	小吉
0894	末吉
0895	半吉
0896	半吉
0897	大吉
0898	小吉
0899	大吉

0900	凶
0901	小吉
0902	大吉
0903	凶
0904	半吉
0905	大吉
0906	凶
0907	末吉
0908	大吉
0909	凶
0910	小吉
0911	大吉
0912	半吉
0913	凶
0914	末吉
0915	小吉
0916	大吉
0917	大吉
0918	小吉
0919	末吉
0920	大吉
0921	凶
0922	末吉
0923	凶
0924	末吉
0925	小吉
0926	小吉
0927	凶
0928	小吉
0929	大吉
0930	半吉
0931	凶
0932	半吉
0933	大吉
0934	凶
0935	凶
0936	凶
0937	半吉
0938	大吉
0939	凶
0940	小吉
0941	大吉
0942	凶
0943	半吉
0944	大吉
0945	半吉
0946	大吉
0947	凶
0948	大吉
0949	小吉

0950	凶
0951	大吉
0952	半吉
0953	大吉
0954	凶
0955	大吉
0956	半吉
0957	大吉
0958	末吉
0959	半吉
0960	半吉
0961	小吉
0962	小吉
0963	大吉
0964	大吉
0965	末吉
0966	凶
0967	凶
0968	大吉
0969	凶
0970	凶
0971	大吉
0972	末吉
0973	大吉
0974	末吉
0975	小吉
0976	小吉
0977	半吉
0978	凶
0979	半吉
0980	凶
0981	凶
0982	凶
0983	末吉
0984	半吉
0985	小吉
0986	凶
0987	半吉
0988	大吉
0989	半吉
0990	末吉
0991	末吉
0992	小吉
0993	小吉
0994	小吉
0995	末吉
0996	末吉
0997	小吉
0998	凶
0999	小吉

1000	末吉
1001	半吉
1002	凶
1003	末吉
1004	末吉
1005	半吉
1006	大吉
1007	半吉
1008	小吉
1009	小吉
1010	大吉
1011	凶
1012	半吉
1013	大吉
1014	凶
1015	末吉
1016	大吉
1017	凶
1018	凶
1019	末吉
1020	半吉
1021	小吉
1022	凶
1023	半吉
1024	大吉
1025	半吉
1026	凶
1027	末吉
1028	末吉
1029	半吉
1030	大吉
1031	半吉
1032	小吉
1033	小吉
1034	大吉
1035	凶
1036	半吉
1037	大吉
1038	凶
1039	末吉
1040	大吉
1041	凶
1042	凶
1043	末吉
1044	半吉
1045	小吉
1046	凶
1047	半吉
1048	大吉
1049	半吉

1050	凶
1051	末吉
1052	末吉
1053	半吉
1054	大吉
1055	半吉
1056	小吉
1057	小吉
1058	大吉
1059	凶
1060	半吉
1061	大吉
1062	凶
1063	末吉
1064	大吉
1065	凶
1066	凶
1067	末吉
1068	半吉
1069	小吉
1070	凶
1071	半吉
1072	大吉
1073	半吉
1074	凶
1075	末吉
1076	末吉
1077	半吉
1078	大吉
1079	半吉
1080	小吉
1081	小吉
1082	大吉
1083	凶
1084	半吉
1085	大吉
1086	凶
1087	末吉
1088	大吉
1089	凶
1090	凶
1091	末吉
1092	半吉
1093	小吉
1094	凶
1095	半吉
1096	大吉
1097	半吉
1098	凶
1099	末吉

1100	凶
1101	小吉
1102	末吉
1103	大吉
1104	凶
1105	大吉
1106	大吉
1107	大吉
1108	半吉
1109	大吉
1110	半吉
1111	凶
1112	末吉
1113	小吉
1114	大吉
1115	大吉
1116	小吉
1117	末吉
1118	小吉
1119	小吉
1120	小吉
1121	末吉
1122	末吉
1123	小吉
1124	凶
1125	小吉
1126	末吉
1127	大吉
1128	凶
1129	大吉
1130	大吉
1131	大吉
1132	半吉
1133	大吉
1134	半吉
1135	凶
1136	末吉
1137	小吉
1138	大吉
1139	大吉
1140	小吉
1141	末吉
1142	小吉
1143	小吉
1144	小吉
1145	末吉
1146	末吉
1147	小吉
1148	凶
1149	小吉

1150	末吉
1151	大吉
1152	凶
1153	大吉
1154	大吉
1155	大吉
1156	半吉
1157	大吉
1158	半吉
1159	凶
1160	末吉
1161	小吉
1162	大吉
1163	大吉
1164	小吉
1165	末吉
1166	小吉
1167	小吉
1168	小吉
1169	末吉
1170	末吉
1171	小吉
1172	凶
1173	小吉
1174	末吉
1175	大吉
1176	凶
1177	大吉
1178	大吉
1179	大吉
1180	半吉
1181	大吉
1182	半吉
1183	凶
1184	末吉
1185	小吉
1186	大吉
1187	大吉
1188	小吉
1189	末吉
1190	小吉
1191	小吉
1192	小吉
1193	末吉
1194	末吉
1195	小吉
1196	凶
1197	小吉
1198	末吉
1199	大吉

1200	小吉
1201	大吉
1202	末吉
1203	小吉
1204	小吉
1205	大吉
1206	凶
1207	凶
1208	小吉
1209	凶
1210	末吉
1211	凶
1212	末吉
1213	小吉
1214	小吉
1215	凶
1216	小吉
1217	大吉
1218	大吉
1219	小吉
1220	凶
1221	凶
1222	大吉
1223	末吉
1224	凶
1225	大吉
1226	末吉
1227	小吉
1228	小吉
1229	大吉
1230	凶
1231	凶
1232	小吉
1233	凶
1234	末吉
1235	凶
1236	末吉
1237	小吉
1238	小吉
1239	凶
1240	小吉
1241	大吉
1242	大吉
1243	小吉
1244	凶
1245	凶
1246	大吉
1247	末吉
1248	凶
1249	大吉

1250	末吉
1251	小吉
1252	小吉
1253	大吉
1254	凶
1255	凶
1256	小吉
1257	凶
1258	末吉
1259	凶
1260	末吉
1261	小吉
1262	小吉
1263	凶
1264	小吉
1265	大吉
1266	大吉
1267	小吉
1268	凶
1269	凶
1270	大吉
1271	末吉
1272	凶
1273	大吉
1274	末吉
1275	小吉
1276	小吉
1277	大吉
1278	凶
1279	凶
1280	小吉
1281	凶
1282	末吉
1283	凶
1284	末吉
1285	小吉
1286	小吉
1287	凶
1288	小吉
1289	大吉
1290	大吉
1291	小吉
1292	凶
1293	凶
1294	大吉
1295	末吉
1296	凶
1297	大吉
1298	末吉
1299	小吉

1300	凶
1301	末吉
1302	凶
1303	末吉
1304	凶
1305	凶
1306	半吉
1307	小吉
1308	小吉
1309	凶
1310	半吉
1311	大吉
1312	凶
1313	凶
1314	凶
1315	半吉
1316	大吉
1317	凶
1318	半吉
1319	大吉
1320	凶
1321	大吉
1322	小吉
1323	小吉
1324	大吉
1325	末吉
1326	凶
1327	末吉
1328	凶
1329	凶
1330	半吉
1331	小吉
1332	小吉
1333	凶
1334	半吉
1335	大吉
1336	凶
1337	凶
1338	凶
1339	半吉
1340	大吉
1341	凶
1342	半吉
1343	大吉
1344	凶
1345	大吉
1346	小吉
1347	小吉
1348	大吉
1349	末吉

1350	凶
1351	末吉
1352	凶
1353	凶
1354	半吉
1355	小吉
1356	小吉
1357	凶
1358	半吉
1359	大吉
1360	凶
1361	凶
1362	凶
1363	半吉
1364	大吉
1365	凶
1366	半吉
1367	大吉
1368	凶
1369	大吉
1370	小吉
1371	小吉
1372	大吉
1373	末吉
1374	凶
1375	末吉
1376	凶
1377	凶
1378	半吉
1379	小吉
1380	小吉
1381	凶
1382	半吉
1383	大吉
1384	凶
1385	凶
1386	凶
1387	半吉
1388	大吉
1389	凶
1390	半吉
1391	大吉
1392	凶
1393	大吉
1394	小吉
1395	小吉
1396	大吉
1397	末吉
1398	凶
1399	末吉

1400	小吉
1401	小吉
1402	小吉
1403	大吉
1404	小吉
1405	大吉
1406	末吉
1407	凶
1408	末吉
1409	大吉
1410	凶
1411	半吉
1412	大吉
1413	半吉
1414	大吉
1415	凶
1416	大吉
1417	小吉
1418	小吉
1419	末吉
1420	大吉
1421	半吉
1422	凶
1423	末吉
1424	大吉
1425	小吉
1426	小吉
1427	大吉
1428	小吉
1429	大吉
1430	末吉
1431	凶
1432	末吉
1433	大吉
1434	凶
1435	半吉
1436	大吉
1437	半吉
1438	大吉
1439	凶
1440	大吉
1441	小吉
1442	小吉
1443	末吉
1444	大吉
1445	半吉
1446	凶
1447	末吉
1448	大吉
1449	小吉

1450	小吉
1451	大吉
1452	小吉
1453	大吉
1454	末吉
1455	凶
1456	末吉
1457	大吉
1458	凶
1459	半吉
1460	大吉
1461	半吉
1462	大吉
1463	凶
1464	大吉
1465	小吉
1466	小吉
1467	末吉
1468	大吉
1469	半吉
1470	凶
1471	末吉
1472	大吉
1473	小吉
1474	小吉
1475	大吉
1476	小吉
1477	大吉
1478	末吉
1479	凶
1480	末吉
1481	大吉
1482	凶
1483	半吉
1484	大吉
1485	半吉
1486	大吉
1487	凶
1488	大吉
1489	小吉
1490	小吉
1491	末吉
1492	大吉
1493	半吉
1494	凶
1495	末吉
1496	大吉
1497	小吉
1498	小吉
1499	大吉

1700	末吉	1650	半吉	1600	半吉	1550	末吉	1500	凶
1701	凶	1651	小吉	1601	凶	1551	半吉	1501	小吉
1702	末吉	1652	半吉	1602	半吉	1552	凶	1502	末吉
1703	小吉	1653	大吉	1603	小吉	1553	大吉	1503	半吉
1704	末吉	1654	末吉	1604	半吉	1554	凶	1504	凶
1705	半吉	1655	半吉	1605	大吉	1555	半吉	1505	大吉
1706	半吉	1656	末吉	1606	末吉	1556	末吉	1506	凶
1707	大吉	1657	小吉	1607	半吉	1557	大吉	1507	半吉
1708	小吉	1658	小吉	1608	末吉	1558	半吉	1508	末吉
1709	大吉	1659	大吉	1609	小吉	1559	大吉	1509	大吉
1710	末吉	1660	大吉	1610	小吉	1560	凶	1510	半吉
1711	大吉	1661	末吉	1611	大吉	1561	大吉	1511	大吉
1712	末吉	1662	凶	1612	大吉	1562	半吉	1512	凶
1713	小吉	1663	凶	1613	末吉	1563	大吉	1513	大吉
1714	小吉	1664	大吉	1614	凶	1564	末吉	1514	半吉
1715	半吉	1665	凶	1615	凶	1565	半吉	1515	大吉
1716	凶	1666	半吉	1616	大吉	1566	凶	1516	末吉
1717	半吉	1667	半吉	1617	凶	1567	半吉	1517	半吉
1718	凶	1668	凶	1618	半吉	1568	大吉	1518	凶
1719	大吉	1669	凶	1619	半吉	1569	半吉	1519	半吉
1720	凶	1670	半吉	1620	凶	1570	末吉	1520	大吉
1721	小吉	1671	大吉	1621	凶	1571	半吉	1521	半吉
1722	小吉	1672	凶	1622	半吉	1572	小吉	1522	末吉
1723	末吉	1673	凶	1623	大吉	1573	小吉	1523	半吉
1724	大吉	1674	半吉	1624	凶	1574	末吉	1524	小吉
1725	凶	1675	小吉	1625	凶	1575	半吉	1525	小吉
1726	末吉	1676	半吉	1626	半吉	1576	凶	1526	末吉
1727	小吉	1677	大吉	1627	小吉	1577	大吉	1527	半吉
1728	末吉	1678	末吉	1628	半吉	1578	凶	1528	凶
1729	半吉	1679	半吉	1629	大吉	1579	半吉	1529	大吉
1730	半吉	1680	末吉	1630	末吉	1580	末吉	1530	凶
1731	大吉	1681	小吉	1631	半吉	1581	大吉	1531	半吉
1732	小吉	1682	小吉	1632	末吉	1582	半吉	1532	末吉
1733	大吉	1683	大吉	1633	小吉	1583	大吉	1533	大吉
1734	末吉	1684	大吉	1634	小吉	1584	凶	1534	半吉
1735	大吉	1685	末吉	1635	大吉	1585	大吉	1535	大吉
1736	末吉	1686	凶	1636	大吉	1586	半吉	1536	凶
1737	小吉	1687	凶	1637	末吉	1587	大吉	1537	大吉
1738	小吉	1688	大吉	1638	凶	1588	末吉	1538	半吉
1739	半吉	1689	凶	1639	凶	1589	半吉	1539	大吉
1740	凶	1690	半吉	1640	大吉	1590	凶	1540	末吉
1741	半吉	1691	半吉	1641	凶	1591	半吉	1541	半吉
1742	凶	1692	凶	1642	半吉	1592	大吉	1542	凶
1743	大吉	1693	凶	1643	半吉	1593	半吉	1543	半吉
1744	凶	1694	半吉	1644	凶	1594	末吉	1544	大吉
1745	小吉	1695	大吉	1645	凶	1595	半吉	1545	半吉
1746	小吉	1696	凶	1646	半吉	1596	小吉	1546	末吉
1747	末吉	1697	凶	1647	大吉	1597	小吉	1547	半吉
1748	大吉	1698	半吉	1648	凶	1598	末吉	1548	小吉
1749	凶	1699	小吉	1649	凶	1599	半吉	1549	小吉

1950	半吉
1951	凶
1952	末吉
1953	小吉
1954	大吉
1955	大吉
1956	小吉
1957	末吉
1958	小吉
1959	小吉
1960	小吉
1961	末吉
1962	末吉
1963	小吉
1964	凶
1965	小吉
1966	末吉
1967	大吉
1968	凶
1969	大吉
1970	大吉
1971	大吉
1972	半吉
1973	大吉
1974	半吉
1975	凶
1976	末吉
1977	小吉
1978	大吉
1979	大吉
1980	小吉
1981	末吉
1982	小吉
1983	小吉
1984	小吉
1985	末吉
1986	末吉
1987	小吉
1988	凶
1989	小吉
1990	末吉
1991	大吉
1992	凶
1993	大吉
1994	大吉
1995	大吉
1996	半吉
1997	大吉
1998	半吉
1999	凶

1900	末吉
1901	大吉
1902	半吉
1903	凶
1904	末吉
1905	小吉
1906	大吉
1907	大吉
1908	小吉
1909	末吉
1910	小吉
1911	小吉
1912	小吉
1913	末吉
1914	末吉
1915	小吉
1916	凶
1917	小吉
1918	末吉
1919	大吉
1920	凶
1921	大吉
1922	大吉
1923	大吉
1924	半吉
1925	大吉
1926	半吉
1927	凶
1928	末吉
1929	小吉
1930	大吉
1931	大吉
1932	小吉
1933	末吉
1934	小吉
1935	小吉
1936	小吉
1937	末吉
1938	末吉
1939	小吉
1940	凶
1941	小吉
1942	末吉
1943	大吉
1944	凶
1945	大吉
1946	大吉
1947	大吉
1948	半吉
1949	大吉

1850	大吉
1851	凶
1852	半吉
1853	大吉
1854	凶
1855	末吉
1856	大吉
1857	凶
1858	凶
1859	末吉
1860	半吉
1861	小吉
1862	凶
1863	半吉
1864	大吉
1865	半吉
1866	凶
1867	末吉
1868	末吉
1869	半吉
1870	大吉
1871	半吉
1872	小吉
1873	小吉
1874	大吉
1875	凶
1876	半吉
1877	大吉
1878	凶
1879	末吉
1880	大吉
1881	凶
1882	凶
1883	末吉
1884	半吉
1885	小吉
1886	凶
1887	半吉
1888	大吉
1889	半吉
1890	凶
1891	末吉
1892	末吉
1893	半吉
1894	大吉
1895	半吉
1896	小吉
1897	小吉
1898	大吉
1899	凶

1800	半吉
1801	小吉
1802	大吉
1803	凶
1804	半吉
1805	大吉
1806	凶
1807	末吉
1808	大吉
1809	凶
1810	凶
1811	末吉
1812	半吉
1813	小吉
1814	凶
1815	半吉
1816	大吉
1817	半吉
1818	凶
1819	末吉
1820	末吉
1821	半吉
1822	大吉
1823	半吉
1824	小吉
1825	小吉
1826	大吉
1827	凶
1828	半吉
1829	大吉
1830	凶
1831	末吉
1832	大吉
1833	凶
1834	凶
1835	末吉
1836	半吉
1837	小吉
1838	凶
1839	半吉
1840	大吉
1841	半吉
1842	凶
1843	末吉
1844	末吉
1845	半吉
1846	大吉
1847	半吉
1848	小吉
1849	小吉

1750	末吉
1751	小吉
1752	末吉
1753	半吉
1754	半吉
1755	大吉
1756	小吉
1757	大吉
1758	末吉
1759	大吉
1760	末吉
1761	小吉
1762	小吉
1763	半吉
1764	凶
1765	半吉
1766	凶
1767	大吉
1768	凶
1769	小吉
1770	小吉
1771	末吉
1772	大吉
1773	凶
1774	末吉
1775	小吉
1776	末吉
1777	半吉
1778	半吉
1779	大吉
1780	小吉
1781	大吉
1782	末吉
1783	大吉
1784	末吉
1785	小吉
1786	小吉
1787	半吉
1788	凶
1789	半吉
1790	凶
1791	大吉
1792	凶
1793	小吉
1794	小吉
1795	末吉
1796	大吉
1797	凶
1798	末吉
1799	小吉

2000	末吉
2001	凶
2002	末吉
2003	凶
2004	末吉
2005	小吉
2006	小吉
2007	凶
2008	小吉
2009	大吉
2010	大吉
2011	小吉
2012	凶
2013	凶
2014	大吉
2015	末吉
2016	凶
2017	大吉
2018	末吉
2019	小吉
2020	小吉
2021	大吉
2022	凶
2023	凶
2024	小吉
2025	凶
2026	末吉
2027	凶
2028	末吉
2029	小吉
2030	小吉
2031	凶
2032	小吉
2033	大吉
2034	大吉
2035	小吉
2036	凶
2037	凶
2038	大吉
2039	末吉
2040	凶
2041	大吉
2042	末吉
2043	小吉
2044	小吉
2045	大吉
2046	凶
2047	凶
2048	小吉
2049	凶

2050	末吉
2051	凶
2052	末吉
2053	小吉
2054	小吉
2055	凶
2056	小吉
2057	大吉
2058	大吉
2059	小吉
2060	凶
2061	凶
2062	大吉
2063	末吉
2064	凶
2065	大吉
2066	末吉
2067	小吉
2068	小吉
2069	大吉
2070	凶
2071	凶
2072	小吉
2073	凶
2074	末吉
2075	凶
2076	末吉
2077	小吉
2078	小吉
2079	凶
2080	小吉
2081	大吉
2082	大吉
2083	小吉
2084	凶
2085	凶
2086	大吉
2087	末吉
2088	凶
2089	大吉
2090	末吉
2091	小吉
2092	小吉
2093	大吉
2094	凶
2095	凶
2096	小吉
2097	凶
2098	末吉
2099	凶

2100	凶
2101	凶
2102	半吉
2103	大吉
2104	凶
2105	凶
2106	凶
2107	半吉
2108	大吉
2109	凶
2110	半吉
2111	大吉
2112	凶
2113	大吉
2114	小吉
2115	小吉
2116	大吉
2117	末吉
2118	凶
2119	末吉
2120	凶
2121	凶
2122	半吉
2123	小吉
2124	小吉
2125	凶
2126	半吉
2127	大吉
2128	凶
2129	凶
2130	凶
2131	半吉
2132	大吉
2133	凶
2134	半吉
2135	大吉
2136	凶
2137	大吉
2138	小吉
2139	小吉
2140	大吉
2141	末吉
2142	凶
2143	末吉
2144	凶
2145	凶
2146	半吉
2147	小吉
2148	小吉
2149	凶

2150	半吉
2151	大吉
2152	凶
2153	凶
2154	凶
2155	半吉
2156	大吉
2157	凶
2158	半吉
2159	大吉
2160	凶
2161	大吉
2162	小吉
2163	小吉
2164	大吉
2165	末吉
2166	凶
2167	末吉
2168	凶
2169	凶
2170	半吉
2171	小吉
2172	小吉
2173	凶
2174	半吉
2175	大吉
2176	凶
2177	凶
2178	凶
2179	半吉
2180	大吉
2181	凶
2182	半吉
2183	大吉
2184	凶
2185	大吉
2186	小吉
2187	小吉
2188	大吉
2189	末吉
2190	凶
2191	末吉
2192	凶
2193	凶
2194	半吉
2195	小吉
2196	小吉
2197	凶
2198	半吉
2199	大吉

2200	大吉
2201	大吉
2202	凶
2203	半吉
2204	大吉
2205	半吉
2206	大吉
2207	凶
2208	大吉
2209	小吉
2210	小吉
2211	末吉
2212	大吉
2213	半吉
2214	凶
2215	末吉
2216	大吉
2217	小吉
2218	小吉
2219	大吉
2220	小吉
2221	大吉
2222	末吉
2223	凶
2224	末吉
2225	大吉
2226	凶
2227	半吉
2228	大吉
2229	半吉
2230	大吉
2231	凶
2232	大吉
2233	小吉
2234	小吉
2235	末吉
2236	大吉
2237	半吉
2238	凶
2239	末吉
2240	大吉
2241	小吉
2242	小吉
2243	大吉
2244	小吉
2245	大吉
2246	末吉
2247	凶
2248	末吉
2249	大吉

2250	凶
2251	半吉
2252	大吉
2253	半吉
2254	大吉
2255	凶
2256	大吉
2257	小吉
2258	小吉
2259	末吉
2260	大吉
2261	半吉
2262	凶
2263	末吉
2264	大吉
2265	小吉
2266	小吉
2267	大吉
2268	小吉
2269	大吉
2270	末吉
2271	凶
2272	末吉
2273	大吉
2274	凶
2275	半吉
2276	大吉
2277	半吉
2278	大吉
2279	凶
2280	大吉
2281	小吉
2282	小吉
2283	末吉
2284	大吉
2285	半吉
2286	凶
2287	末吉
2288	大吉
2289	小吉
2290	小吉
2291	大吉
2292	小吉
2293	大吉
2294	末吉
2295	凶
2296	末吉
2297	大吉
2298	凶
2299	半吉

2300	凶
2301	大吉
2302	半吉
2303	大吉
2304	凶
2305	大吉
2306	半吉
2307	大吉
2308	末吉
2309	半吉
2310	凶
2311	半吉
2312	大吉
2313	半吉
2314	末吉
2315	半吉
2316	小吉
2317	小吉
2318	末吉
2319	半吉
2320	凶
2321	大吉
2322	凶
2323	半吉
2324	末吉
2325	大吉
2326	半吉
2327	大吉
2328	凶
2329	大吉
2330	半吉
2331	大吉
2332	末吉
2333	半吉
2334	凶
2335	半吉
2336	大吉
2337	半吉
2338	末吉
2339	半吉
2340	小吉
2341	小吉
2342	末吉
2343	半吉
2344	凶
2345	大吉
2346	凶
2347	半吉
2348	末吉
2349	大吉

2350	半吉
2351	大吉
2352	凶
2353	大吉
2354	半吉
2355	大吉
2356	末吉
2357	半吉
2358	凶
2359	半吉
2360	大吉
2361	半吉
2362	末吉
2363	半吉
2364	小吉
2365	小吉
2366	末吉
2367	半吉
2368	凶
2369	大吉
2370	凶
2371	半吉
2372	末吉
2373	大吉
2374	半吉
2375	大吉
2376	凶
2377	大吉
2378	半吉
2379	大吉
2380	末吉
2381	半吉
2382	凶
2383	半吉
2384	大吉
2385	半吉
2386	末吉
2387	半吉
2388	小吉
2389	小吉
2390	末吉
2391	半吉
2392	凶
2393	大吉
2394	凶
2395	半吉
2396	末吉
2397	大吉
2398	半吉
2399	大吉

2400	大吉
2401	小吉
2402	小吉
2403	大吉
2404	大吉
2405	末吉
2406	凶
2407	凶
2408	大吉
2409	凶
2410	半吉
2411	半吉
2412	凶
2413	凶
2414	半吉
2415	大吉
2416	凶
2417	凶
2418	半吉
2419	小吉
2420	半吉
2421	大吉
2422	末吉
2423	半吉
2424	末吉
2425	小吉
2426	小吉
2427	大吉
2428	大吉
2429	末吉
2430	凶
2431	凶
2432	大吉
2433	凶
2434	半吉
2435	半吉
2436	凶
2437	凶
2438	半吉
2439	大吉
2440	凶
2441	凶
2442	半吉
2443	小吉
2444	半吉
2445	大吉
2446	末吉
2447	半吉
2448	末吉
2449	小吉

2450	小吉
2451	大吉
2452	大吉
2453	末吉
2454	凶
2455	凶
2456	大吉
2457	凶
2458	半吉
2459	半吉
2460	凶
2461	凶
2462	半吉
2463	大吉
2464	凶
2465	凶
2466	半吉
2467	小吉
2468	半吉
2469	大吉
2470	末吉
2471	半吉
2472	末吉
2473	小吉
2474	小吉
2475	大吉
2476	大吉
2477	末吉
2478	凶
2479	凶
2480	大吉
2481	凶
2482	半吉
2483	半吉
2484	凶
2485	凶
2486	半吉
2487	大吉
2488	凶
2489	凶
2490	半吉
2491	小吉
2492	半吉
2493	大吉
2494	末吉
2495	半吉
2496	末吉
2497	小吉
2498	小吉
2499	大吉

2500	末吉
2501	大吉
2502	末吉
2503	大吉
2504	末吉
2505	小吉
2506	小吉
2507	半吉
2508	凶
2509	半吉
2510	凶
2511	大吉
2512	凶
2513	小吉
2514	小吉
2515	末吉
2516	大吉
2517	凶
2518	末吉
2519	小吉
2520	末吉
2521	半吉
2522	半吉
2523	大吉
2524	小吉
2525	大吉
2526	末吉
2527	大吉
2528	末吉
2529	小吉
2530	小吉
2531	半吉
2532	凶
2533	半吉
2534	凶
2535	大吉
2536	凶
2537	小吉
2538	小吉
2539	末吉
2540	大吉
2541	凶
2542	末吉
2543	小吉
2544	末吉
2545	半吉
2546	半吉
2547	大吉
2548	小吉
2549	大吉

2550	末吉
2551	大吉
2552	末吉
2553	小吉
2554	小吉
2555	半吉
2556	凶
2557	半吉
2558	凶
2559	大吉
2560	凶
2561	小吉
2562	小吉
2563	末吉
2564	大吉
2565	凶
2566	末吉
2567	小吉
2568	末吉
2569	半吉
2570	半吉
2571	大吉
2572	小吉
2573	大吉
2574	末吉
2575	大吉
2576	末吉
2577	小吉
2578	小吉
2579	半吉
2580	凶
2581	半吉
2582	凶
2583	大吉
2584	凶
2585	小吉
2586	小吉
2587	末吉
2588	大吉
2589	凶
2590	末吉
2591	小吉
2592	末吉
2593	半吉
2594	半吉
2595	大吉
2596	小吉
2597	大吉
2598	末吉
2599	大吉

2600	半吉
2601	凶
2602	凶
2603	末吉
2604	半吉
2605	小吉
2606	凶
2607	半吉
2608	大吉
2609	半吉
2610	凶
2611	末吉
2612	末吉
2613	半吉
2614	大吉
2615	半吉
2616	小吉
2617	小吉
2618	大吉
2619	凶
2620	半吉
2621	大吉
2622	凶
2623	末吉
2624	大吉
2625	凶
2626	凶
2627	末吉
2628	半吉
2629	小吉
2630	凶
2631	半吉
2632	大吉
2633	半吉
2634	凶
2635	末吉
2636	末吉
2637	半吉
2638	大吉
2639	半吉
2640	小吉
2641	小吉
2642	大吉
2643	凶
2644	半吉
2645	大吉
2646	凶
2647	末吉
2648	大吉
2649	凶

2650	凶
2651	末吉
2652	半吉
2653	小吉
2654	凶
2655	半吉
2656	大吉
2657	半吉
2658	凶
2659	末吉
2660	末吉
2661	半吉
2662	大吉
2663	半吉
2664	小吉
2665	小吉
2666	大吉
2667	凶
2668	半吉
2669	大吉
2670	凶
2671	末吉
2672	大吉
2673	凶
2674	凶
2675	末吉
2676	半吉
2677	小吉
2678	凶
2679	半吉
2680	大吉
2681	半吉
2682	凶
2683	末吉
2684	末吉
2685	半吉
2686	大吉
2687	半吉
2688	小吉
2689	小吉
2690	大吉
2691	凶
2692	半吉
2693	大吉
2694	凶
2695	末吉
2696	大吉
2697	凶
2698	凶
2699	末吉

2700	小吉
2701	末吉
2702	小吉
2703	小吉
2704	小吉
2705	末吉
2706	末吉
2707	小吉
2708	凶
2709	小吉
2710	末吉
2711	大吉
2712	凶
2713	大吉
2714	大吉
2715	大吉
2716	半吉
2717	大吉
2718	半吉
2719	凶
2720	末吉
2721	小吉
2722	大吉
2723	大吉
2724	小吉
2725	末吉
2726	小吉
2727	小吉
2728	小吉
2729	末吉
2730	末吉
2731	小吉
2732	凶
2733	小吉
2734	末吉
2735	大吉
2736	凶
2737	大吉
2738	大吉
2739	大吉
2740	半吉
2741	大吉
2742	半吉
2743	凶
2744	末吉
2745	小吉
2746	大吉
2747	大吉
2748	小吉
2749	末吉

2750	小吉
2751	小吉
2752	小吉
2753	末吉
2754	末吉
2755	小吉
2756	凶
2757	小吉
2758	末吉
2759	大吉
2760	凶
2761	大吉
2762	大吉
2763	大吉
2764	半吉
2765	大吉
2766	半吉
2767	凶
2768	末吉
2769	小吉
2770	大吉
2771	大吉
2772	小吉
2773	末吉
2774	小吉
2775	小吉
2776	小吉
2777	末吉
2778	末吉
2779	小吉
2780	凶
2781	小吉
2782	末吉
2783	大吉
2784	凶
2785	大吉
2786	大吉
2787	大吉
2788	半吉
2789	大吉
2790	半吉
2791	凶
2792	末吉
2793	小吉
2794	大吉
2795	大吉
2796	小吉
2797	末吉
2798	小吉
2799	小吉

2800	凶
2801	大吉
2802	大吉
2803	小吉
2804	凶
2805	凶
2806	大吉
2807	末吉
2808	凶
2809	大吉
2810	末吉
2811	小吉
2812	小吉
2813	大吉
2814	凶
2815	凶
2816	小吉
2817	凶
2818	末吉
2819	凶
2820	末吉
2821	小吉
2822	小吉
2823	凶
2824	小吉
2825	大吉
2826	大吉
2827	小吉
2828	凶
2829	凶
2830	大吉
2831	末吉
2832	凶
2833	大吉
2834	末吉
2835	小吉
2836	小吉
2837	大吉
2838	凶
2839	凶
2840	小吉
2841	凶
2842	末吉
2843	凶
2844	末吉
2845	小吉
2846	小吉
2847	凶
2848	小吉
2849	大吉

2850	大吉
2851	小吉
2852	凶
2853	凶
2854	大吉
2855	末吉
2856	凶
2857	大吉
2858	末吉
2859	小吉
2860	小吉
2861	大吉
2862	凶
2863	凶
2864	小吉
2865	凶
2866	末吉
2867	凶
2868	末吉
2869	小吉
2870	小吉
2871	凶
2872	小吉
2873	大吉
2874	大吉
2875	小吉
2876	凶
2877	凶
2878	大吉
2879	末吉
2880	凶
2881	大吉
2882	末吉
2883	小吉
2884	小吉
2885	大吉
2886	凶
2887	凶
2888	小吉
2889	凶
2890	末吉
2891	凶
2892	末吉
2893	小吉
2894	小吉
2895	凶
2896	小吉
2897	大吉
2898	大吉
2899	小吉

2900	凶
2901	凶
2902	半吉
2903	大吉
2904	凶
2905	大吉
2906	小吉
2907	小吉
2908	大吉
2909	末吉
2910	凶
2911	末吉
2912	凶
2913	凶
2914	半吉
2915	小吉
2916	小吉
2917	凶
2918	半吉
2919	大吉
2920	凶
2921	凶
2922	凶
2923	半吉
2924	大吉
2925	凶
2926	半吉
2927	大吉
2928	凶
2929	大吉
2930	小吉
2931	小吉
2932	大吉
2933	末吉
2934	凶
2935	末吉
2936	凶
2937	凶
2938	半吉
2939	小吉
2940	小吉
2941	凶
2942	半吉
2943	大吉
2944	凶
2945	凶
2946	凶
2947	半吉
2948	大吉
2949	凶

2950	半吉
2951	大吉
2952	凶
2953	大吉
2954	小吉
2955	小吉
2956	大吉
2957	末吉
2958	凶
2959	末吉
2960	凶
2961	凶
2962	半吉
2963	小吉
2964	小吉
2965	凶
2966	半吉
2967	大吉
2968	凶
2969	凶
2970	凶
2971	半吉
2972	大吉
2973	凶
2974	半吉
2975	大吉
2976	凶
2977	大吉
2978	小吉
2979	小吉
2980	大吉
2981	末吉
2982	凶
2983	末吉
2984	凶
2985	凶
2986	半吉
2987	小吉
2988	小吉
2989	凶
2990	半吉
2991	大吉
2992	凶
2993	凶
2994	凶
2995	半吉
2996	大吉
2997	凶
2998	半吉
2999	大吉

3000	大吉
3001	小吉
3002	小吉
3003	末吉
3004	大吉
3005	半吉
3006	凶
3007	末吉
3008	大吉
3009	小吉
3010	小吉
3011	大吉
3012	小吉
3013	大吉
3014	末吉
3015	凶
3016	末吉
3017	大吉
3018	凶
3019	半吉
3020	大吉
3021	半吉
3022	大吉
3023	凶
3024	大吉
3025	小吉
3026	小吉
3027	末吉
3028	大吉
3029	半吉
3030	凶
3031	末吉
3032	大吉
3033	小吉
3034	小吉
3035	大吉
3036	小吉
3037	大吉
3038	末吉
3039	凶
3040	末吉
3041	大吉
3042	凶
3043	半吉
3044	大吉
3045	半吉
3046	大吉
3047	凶
3048	大吉
3049	小吉

3050	小吉
3051	末吉
3052	大吉
3053	半吉
3054	凶
3055	末吉
3056	大吉
3057	小吉
3058	小吉
3059	大吉
3060	小吉
3061	大吉
3062	末吉
3063	凶
3064	末吉
3065	大吉
3066	凶
3067	半吉
3068	大吉
3069	半吉
3070	大吉
3071	凶
3072	大吉
3073	小吉
3074	小吉
3075	末吉
3076	大吉
3077	半吉
3078	凶
3079	末吉
3080	大吉
3081	小吉
3082	小吉
3083	大吉
3084	小吉
3085	大吉
3086	末吉
3087	凶
3088	末吉
3089	大吉
3090	凶
3091	半吉
3092	大吉
3093	半吉
3094	大吉
3095	凶
3096	大吉
3097	小吉
3098	小吉
3099	末吉

3100	大吉
3101	半吉
3102	凶
3103	半吉
3104	大吉
3105	半吉
3106	末吉
3107	半吉
3108	小吉
3109	小吉
3110	末吉
3111	半吉
3112	凶
3113	大吉
3114	凶
3115	半吉
3116	末吉
3117	大吉
3118	半吉
3119	大吉
3120	凶
3121	大吉
3122	半吉
3123	大吉
3124	末吉
3125	半吉
3126	凶
3127	半吉
3128	大吉
3129	半吉
3130	末吉
3131	半吉
3132	小吉
3133	小吉
3134	末吉
3135	半吉
3136	凶
3137	大吉
3138	凶
3139	半吉
3140	末吉
3141	大吉
3142	半吉
3143	大吉
3144	凶
3145	大吉
3146	半吉
3147	大吉
3148	末吉
3149	半吉

3150	凶
3151	半吉
3152	大吉
3153	半吉
3154	末吉
3155	半吉
3156	小吉
3157	小吉
3158	末吉
3159	半吉
3160	凶
3161	大吉
3162	凶
3163	半吉
3164	末吉
3165	大吉
3166	半吉
3167	大吉
3168	凶
3169	大吉
3170	半吉
3171	大吉
3172	末吉
3173	半吉
3174	凶
3175	半吉
3176	大吉
3177	半吉
3178	末吉
3179	半吉
3180	小吉
3181	小吉
3182	末吉
3183	半吉
3184	凶
3185	大吉
3186	凶
3187	半吉
3188	末吉
3189	大吉
3190	半吉
3191	大吉
3192	凶
3193	大吉
3194	半吉
3195	大吉
3196	末吉
3197	半吉
3198	凶
3199	半吉

3200	凶
3201	凶
3202	半吉
3203	半吉
3204	凶
3205	凶
3206	半吉
3207	大吉
3208	凶
3209	凶
3210	半吉
3211	小吉
3212	半吉
3213	大吉
3214	末吉
3215	半吉
3216	末吉
3217	小吉
3218	小吉
3219	大吉
3220	大吉
3221	末吉
3222	凶
3223	凶
3224	大吉
3225	凶
3226	半吉
3227	半吉
3228	凶
3229	凶
3230	半吉
3231	大吉
3232	凶
3233	凶
3234	半吉
3235	小吉
3236	半吉
3237	大吉
3238	末吉
3239	半吉
3240	末吉
3241	小吉
3242	小吉
3243	大吉
3244	大吉
3245	末吉
3246	凶
3247	凶
3248	大吉
3249	凶

3450	凶	3400	末吉	3350	凶	3300	凶	3250	半吉
3451	末吉	3401	半吉	3351	大吉	3301	半吉	3251	半吉
3452	末吉	3402	凶	3352	凶	3302	凶	3252	凶
3453	半吉	3403	末吉	3353	小吉	3303	大吉	3253	凶
3454	大吉	3404	末吉	3354	小吉	3304	凶	3254	半吉
3455	半吉	3405	半吉	3355	末吉	3305	小吉	3255	大吉
3456	小吉	3406	大吉	3356	大吉	3306	小吉	3256	凶
3457	小吉	3407	半吉	3357	凶	3307	末吉	3257	凶
3458	大吉	3408	小吉	3358	末吉	3308	大吉	3258	半吉
3459	凶	3409	小吉	3359	小吉	3309	凶	3259	小吉
3460	半吉	3410	大吉	3360	末吉	3310	末吉	3260	半吉
3461	大吉	3411	凶	3361	半吉	3311	小吉	3261	大吉
3462	凶	3412	半吉	3362	半吉	3312	末吉	3262	末吉
3463	末吉	3413	大吉	3363	大吉	3313	半吉	3263	半吉
3464	大吉	3414	凶	3364	小吉	3314	半吉	3264	末吉
3465	凶	3415	末吉	3365	大吉	3315	大吉	3265	小吉
3466	凶	3416	大吉	3366	末吉	3316	小吉	3266	小吉
3467	末吉	3417	凶	3367	大吉	3317	大吉	3267	大吉
3468	半吉	3418	凶	3368	末吉	3318	末吉	3268	大吉
3469	小吉	3419	末吉	3369	小吉	3319	大吉	3269	末吉
3470	凶	3420	半吉	3370	小吉	3320	末吉	3270	凶
3471	半吉	3421	小吉	3371	半吉	3321	小吉	3271	凶
3472	大吉	3422	凶	3372	凶	3322	小吉	3272	大吉
3473	半吉	3423	半吉	3373	半吉	3323	半吉	3273	凶
3474	凶	3424	大吉	3374	凶	3324	凶	3274	半吉
3475	末吉	3425	半吉	3375	大吉	3325	半吉	3275	半吉
3476	末吉	3426	凶	3376	凶	3326	凶	3276	凶
3477	半吉	3427	末吉	3377	小吉	3327	大吉	3277	凶
3478	大吉	3428	末吉	3378	小吉	3328	凶	3278	半吉
3479	半吉	3429	半吉	3379	末吉	3329	小吉	3279	大吉
3480	小吉	3430	大吉	3380	大吉	3330	小吉	3280	凶
3481	小吉	3431	半吉	3381	凶	3331	末吉	3281	凶
3482	大吉	3432	小吉	3382	末吉	3332	大吉	3282	半吉
3483	凶	3433	小吉	3383	小吉	3333	凶	3283	小吉
3484	半吉	3434	大吉	3384	末吉	3334	末吉	3284	半吉
3485	大吉	3435	凶	3385	半吉	3335	小吉	3285	大吉
3486	凶	3436	半吉	3386	半吉	3336	末吉	3286	末吉
3487	末吉	3437	大吉	3387	大吉	3337	半吉	3287	半吉
3488	大吉	3438	凶	3388	小吉	3338	半吉	3288	末吉
3489	凶	3439	末吉	3389	大吉	3339	大吉	3289	小吉
3490	凶	3440	大吉	3390	末吉	3340	小吉	3290	小吉
3491	末吉	3441	凶	3391	大吉	3341	大吉	3291	大吉
3492	半吉	3442	凶	3392	末吉	3342	末吉	3292	大吉
3493	小吉	3443	末吉	3393	小吉	3343	大吉	3293	末吉
3494	凶	3444	半吉	3394	小吉	3344	末吉	3294	凶
3495	半吉	3445	小吉	3395	半吉	3345	小吉	3295	凶
3496	大吉	3446	凶	3396	凶	3346	小吉	3296	大吉
3497	半吉	3447	半吉	3397	半吉	3347	半吉	3297	凶
3498	凶	3448	大吉	3398	凶	3348	凶	3298	半吉
3499	末吉	3449	半吉	3399	大吉	3349	半吉	3299	半吉

3500	凶
3501	小吉
3502	末吉
3503	大吉
3504	凶
3505	大吉
3506	大吉
3507	大吉
3508	半吉
3509	大吉
3510	半吉
3511	凶
3512	末吉
3513	小吉
3514	大吉
3515	大吉
3516	小吉
3517	末吉
3518	小吉
3519	小吉
3520	小吉
3521	末吉
3522	末吉
3523	小吉
3524	凶
3525	小吉
3526	末吉
3527	大吉
3528	凶
3529	大吉
3530	大吉
3531	大吉
3532	半吉
3533	大吉
3534	半吉
3535	凶
3536	末吉
3537	小吉
3538	大吉
3539	大吉
3540	小吉
3541	末吉
3542	小吉
3543	小吉
3544	小吉
3545	末吉
3546	末吉
3547	小吉
3548	凶
3549	小吉

3550	末吉
3551	大吉
3552	凶
3553	大吉
3554	大吉
3555	大吉
3556	半吉
3557	大吉
3558	半吉
3559	凶
3560	末吉
3561	小吉
3562	大吉
3563	大吉
3564	小吉
3565	末吉
3566	小吉
3567	小吉
3568	小吉
3569	末吉
3570	末吉
3571	小吉
3572	凶
3573	小吉
3574	末吉
3575	大吉
3576	凶
3577	大吉
3578	大吉
3579	大吉
3580	半吉
3581	大吉
3582	半吉
3583	凶
3584	末吉
3585	小吉
3586	大吉
3587	大吉
3588	小吉
3589	末吉
3590	小吉
3591	小吉
3592	小吉
3593	末吉
3594	末吉
3595	小吉
3596	凶
3597	小吉
3598	末吉
3599	大吉

3600	小吉
3601	大吉
3602	末吉
3603	小吉
3604	小吉
3605	大吉
3606	凶
3607	凶
3608	小吉
3609	凶
3610	末吉
3611	凶
3612	末吉
3613	小吉
3614	小吉
3615	凶
3616	小吉
3617	大吉
3618	大吉
3619	小吉
3620	凶
3621	凶
3622	大吉
3623	末吉
3624	凶
3625	大吉
3626	末吉
3627	小吉
3628	小吉
3629	大吉
3630	凶
3631	凶
3632	小吉
3633	凶
3634	末吉
3635	凶
3636	末吉
3637	小吉
3638	小吉
3639	凶
3640	小吉
3641	大吉
3642	大吉
3643	小吉
3644	凶
3645	凶
3646	大吉
3647	末吉
3648	凶
3649	大吉

3650	末吉
3651	小吉
3652	小吉
3653	大吉
3654	凶
3655	凶
3656	小吉
3657	凶
3658	末吉
3659	凶
3660	末吉
3661	小吉
3662	小吉
3663	凶
3664	小吉
3665	大吉
3666	大吉
3667	小吉
3668	凶
3669	凶
3670	大吉
3671	末吉
3672	凶
3673	大吉
3674	末吉
3675	小吉
3676	小吉
3677	大吉
3678	凶
3679	凶
3680	小吉
3681	凶
3682	末吉
3683	凶
3684	末吉
3685	小吉
3686	小吉
3687	凶
3688	小吉
3689	大吉
3690	大吉
3691	小吉
3692	凶
3693	凶
3694	大吉
3695	末吉
3696	凶
3697	大吉
3698	末吉
3699	小吉

3700	凶
3701	末吉
3702	凶
3703	末吉
3704	凶
3705	凶
3706	半吉
3707	小吉
3708	小吉
3709	凶
3710	半吉
3711	大吉
3712	凶
3713	凶
3714	凶
3715	半吉
3716	大吉
3717	凶
3718	半吉
3719	大吉
3720	凶
3721	大吉
3722	小吉
3723	小吉
3724	大吉
3725	末吉
3726	凶
3727	末吉
3728	凶
3729	凶
3730	半吉
3731	小吉
3732	小吉
3733	凶
3734	半吉
3735	大吉
3736	凶
3737	凶
3738	凶
3739	半吉
3740	大吉
3741	凶
3742	半吉
3743	大吉
3744	凶
3745	大吉
3746	小吉
3747	小吉
3748	大吉
3749	末吉

3950	末吉	3900	凶	3850	小吉	3800	小吉	3750	凶
3951	半吉	3901	小吉	3851	大吉	3801	小吉	3751	末吉
3952	凶	3902	末吉	3852	小吉	3802	小吉	3752	凶
3953	大吉	3903	半吉	3853	大吉	3803	大吉	3753	凶
3954	凶	3904	凶	3854	末吉	3804	小吉	3754	半吉
3955	半吉	3905	大吉	3855	凶	3805	大吉	3755	小吉
3956	末吉	3906	凶	3856	末吉	3806	末吉	3756	小吉
3957	大吉	3907	半吉	3857	大吉	3807	凶	3757	凶
3958	半吉	3908	末吉	3858	凶	3808	末吉	3758	半吉
3959	大吉	3909	大吉	3859	半吉	3809	大吉	3759	大吉
3960	凶	3910	半吉	3860	大吉	3810	凶	3760	凶
3961	大吉	3911	大吉	3861	半吉	3811	半吉	3761	凶
3962	半吉	3912	凶	3862	大吉	3812	大吉	3762	凶
3963	大吉	3913	大吉	3863	凶	3813	半吉	3763	半吉
3964	末吉	3914	半吉	3864	大吉	3814	大吉	3764	大吉
3965	半吉	3915	大吉	3865	小吉	3815	凶	3765	凶
3966	凶	3916	末吉	3866	小吉	3816	大吉	3766	半吉
3967	半吉	3917	半吉	3867	末吉	3817	小吉	3767	大吉
3968	大吉	3918	凶	3868	大吉	3818	小吉	3768	凶
3969	半吉	3919	半吉	3869	半吉	3819	末吉	3769	大吉
3970	末吉	3920	大吉	3870	凶	3820	大吉	3770	小吉
3971	半吉	3921	半吉	3871	末吉	3821	半吉	3771	小吉
3972	小吉	3922	末吉	3872	大吉	3822	凶	3772	大吉
3973	小吉	3923	半吉	3873	小吉	3823	末吉	3773	末吉
3974	末吉	3924	小吉	3874	小吉	3824	大吉	3774	凶
3975	半吉	3925	小吉	3875	大吉	3825	小吉	3775	末吉
3976	凶	3926	末吉	3876	小吉	3826	小吉	3776	凶
3977	大吉	3927	半吉	3877	大吉	3827	大吉	3777	凶
3978	凶	3928	凶	3878	末吉	3828	小吉	3778	半吉
3979	半吉	3929	大吉	3879	凶	3829	大吉	3779	小吉
3980	末吉	3930	凶	3880	末吉	3830	末吉	3780	小吉
3981	大吉	3931	半吉	3881	大吉	3831	凶	3781	凶
3982	半吉	3932	末吉	3882	凶	3832	末吉	3782	半吉
3983	大吉	3933	大吉	3883	半吉	3833	大吉	3783	大吉
3984	凶	3934	半吉	3884	大吉	3834	凶	3784	凶
3985	大吉	3935	大吉	3885	半吉	3835	半吉	3785	凶
3986	半吉	3936	凶	3886	大吉	3836	大吉	3786	凶
3987	大吉	3937	大吉	3887	凶	3837	半吉	3787	半吉
3988	末吉	3938	半吉	3888	大吉	3838	大吉	3788	大吉
3989	半吉	3939	大吉	3889	小吉	3839	凶	3789	凶
3990	凶	3940	末吉	3890	小吉	3840	大吉	3790	半吉
3991	半吉	3941	半吉	3891	末吉	3841	小吉	3791	大吉
3992	大吉	3942	凶	3892	大吉	3842	小吉	3792	凶
3993	半吉	3943	半吉	3893	半吉	3843	末吉	3793	大吉
3994	末吉	3944	大吉	3894	凶	3844	大吉	3794	小吉
3995	半吉	3945	半吉	3895	末吉	3845	半吉	3795	小吉
3996	小吉	3946	末吉	3896	大吉	3846	凶	3796	大吉
3997	小吉	3947	半吉	3897	小吉	3847	末吉	3797	末吉
3998	末吉	3948	小吉	3898	小吉	3848	大吉	3798	凶
3999	半吉	3949	小吉	3899	大吉	3849	小吉	3799	末吉

4000	半吉
4001	凶
4002	半吉
4003	小吉
4004	半吉
4005	大吉
4006	末吉
4007	半吉
4008	末吉
4009	小吉
4010	小吉
4011	大吉
4012	大吉
4013	末吉
4014	凶
4015	凶
4016	大吉
4017	凶
4018	半吉
4019	半吉
4020	凶
4021	凶
4022	半吉
4023	大吉
4024	凶
4025	凶
4026	半吉
4027	小吉
4028	半吉
4029	大吉
4030	末吉
4031	半吉
4032	末吉
4033	小吉
4034	小吉
4035	大吉
4036	大吉
4037	末吉
4038	凶
4039	凶
4040	大吉
4041	凶
4042	半吉
4043	半吉
4044	凶
4045	凶
4046	半吉
4047	大吉
4048	凶
4049	凶

4050	半吉
4051	小吉
4052	半吉
4053	大吉
4054	末吉
4055	半吉
4056	末吉
4057	小吉
4058	小吉
4059	大吉
4060	大吉
4061	末吉
4062	凶
4063	凶
4064	大吉
4065	凶
4066	半吉
4067	半吉
4068	凶
4069	凶
4070	半吉
4071	大吉
4072	凶
4073	凶
4074	半吉
4075	小吉
4076	半吉
4077	大吉
4078	末吉
4079	半吉
4080	末吉
4081	小吉
4082	小吉
4083	大吉
4084	大吉
4085	末吉
4086	凶
4087	凶
4088	大吉
4089	凶
4090	半吉
4091	半吉
4092	凶
4093	凶
4094	半吉
4095	大吉
4096	凶
4097	凶
4098	半吉
4099	小吉

4100	末吉
4101	凶
4102	末吉
4103	小吉
4104	末吉
4105	半吉
4106	半吉
4107	大吉
4108	小吉
4109	大吉
4110	末吉
4111	大吉
4112	末吉
4113	小吉
4114	小吉
4115	半吉
4116	凶
4117	半吉
4118	凶
4119	大吉
4120	凶
4121	小吉
4122	小吉
4123	末吉
4124	大吉
4125	凶
4126	末吉
4127	小吉
4128	末吉
4129	半吉
4130	半吉
4131	大吉
4132	小吉
4133	大吉
4134	末吉
4135	大吉
4136	末吉
4137	小吉
4138	小吉
4139	半吉
4140	凶
4141	半吉
4142	凶
4143	大吉
4144	凶
4145	小吉
4146	小吉
4147	末吉
4148	大吉
4149	凶

4150	末吉
4151	小吉
4152	末吉
4153	半吉
4154	半吉
4155	大吉
4156	小吉
4157	大吉
4158	末吉
4159	大吉
4160	末吉
4161	小吉
4162	小吉
4163	半吉
4164	凶
4165	半吉
4166	凶
4167	大吉
4168	凶
4169	小吉
4170	小吉
4171	末吉
4172	大吉
4173	凶
4174	末吉
4175	小吉
4176	末吉
4177	半吉
4178	半吉
4179	大吉
4180	小吉
4181	大吉
4182	末吉
4183	大吉
4184	末吉
4185	小吉
4186	小吉
4187	半吉
4188	凶
4189	半吉
4190	凶
4191	大吉
4192	凶
4193	小吉
4194	小吉
4195	末吉
4196	大吉
4197	凶
4198	末吉
4199	小吉

4200	半吉
4201	小吉
4202	大吉
4203	凶
4204	半吉
4205	大吉
4206	凶
4207	末吉
4208	大吉
4209	凶
4210	凶
4211	末吉
4212	半吉
4213	小吉
4214	凶
4215	半吉
4216	大吉
4217	半吉
4218	凶
4219	末吉
4220	末吉
4221	半吉
4222	大吉
4223	半吉
4224	小吉
4225	小吉
4226	大吉
4227	凶
4228	半吉
4229	大吉
4230	凶
4231	末吉
4232	大吉
4233	凶
4234	凶
4235	末吉
4236	半吉
4237	小吉
4238	凶
4239	半吉
4240	大吉
4241	半吉
4242	凶
4243	末吉
4244	末吉
4245	半吉
4246	大吉
4247	半吉
4248	小吉
4249	小吉

4250	大吉
4251	凶
4252	半吉
4253	大吉
4254	凶
4255	末吉
4256	大吉
4257	凶
4258	凶
4259	末吉
4260	半吉
4261	小吉
4262	凶
4263	半吉
4264	大吉
4265	半吉
4266	凶
4267	末吉
4268	末吉
4269	半吉
4270	大吉
4271	半吉
4272	小吉
4273	小吉
4274	大吉
4275	凶
4276	半吉
4277	大吉
4278	凶
4279	末吉
4280	大吉
4281	凶
4282	凶
4283	末吉
4284	半吉
4285	小吉
4286	凶
4287	半吉
4288	大吉
4289	半吉
4290	凶
4291	末吉
4292	末吉
4293	半吉
4294	大吉
4295	半吉
4296	小吉
4297	小吉
4298	大吉
4299	凶

4300	末吉
4301	大吉
4302	半吉
4303	凶
4304	末吉
4305	小吉
4306	大吉
4307	大吉
4308	小吉
4309	末吉
4310	小吉
4311	小吉
4312	小吉
4313	末吉
4314	末吉
4315	小吉
4316	凶
4317	小吉
4318	末吉
4319	大吉
4320	凶
4321	大吉
4322	大吉
4323	大吉
4324	半吉
4325	大吉
4326	半吉
4327	凶
4328	末吉
4329	小吉
4330	大吉
4331	大吉
4332	小吉
4333	末吉
4334	小吉
4335	小吉
4336	小吉
4337	末吉
4338	末吉
4339	小吉
4340	凶
4341	小吉
4342	末吉
4343	大吉
4344	凶
4345	大吉
4346	大吉
4347	大吉
4348	半吉
4349	大吉

4350	半吉
4351	凶
4352	末吉
4353	小吉
4354	大吉
4355	大吉
4356	小吉
4357	末吉
4358	小吉
4359	小吉
4360	小吉
4361	末吉
4362	末吉
4363	小吉
4364	凶
4365	小吉
4366	末吉
4367	大吉
4368	凶
4369	大吉
4370	大吉
4371	大吉
4372	半吉
4373	大吉
4374	半吉
4375	凶
4376	末吉
4377	小吉
4378	大吉
4379	大吉
4380	小吉
4381	末吉
4382	小吉
4383	小吉
4384	小吉
4385	末吉
4386	末吉
4387	小吉
4388	凶
4389	小吉
4390	末吉
4391	大吉
4392	凶
4393	大吉
4394	大吉
4395	大吉
4396	半吉
4397	大吉
4398	半吉
4399	凶

4400	末吉
4401	凶
4402	末吉
4403	凶
4404	末吉
4405	小吉
4406	小吉
4407	凶
4408	小吉
4409	大吉
4410	大吉
4411	小吉
4412	凶
4413	凶
4414	大吉
4415	末吉
4416	凶
4417	大吉
4418	末吉
4419	小吉
4420	小吉
4421	大吉
4422	凶
4423	凶
4424	小吉
4425	凶
4426	末吉
4427	凶
4428	末吉
4429	小吉
4430	小吉
4431	凶
4432	小吉
4433	大吉
4434	大吉
4435	小吉
4436	凶
4437	凶
4438	大吉
4439	末吉
4440	凶
4441	大吉
4442	末吉
4443	小吉
4444	小吉
4445	大吉
4446	凶
4447	凶
4448	小吉
4449	凶

4450	末吉
4451	凶
4452	末吉
4453	小吉
4454	小吉
4455	凶
4456	小吉
4457	大吉
4458	大吉
4459	小吉
4460	凶
4461	凶
4462	大吉
4463	末吉
4464	凶
4465	大吉
4466	末吉
4467	小吉
4468	小吉
4469	大吉
4470	凶
4471	凶
4472	小吉
4473	凶
4474	末吉
4475	凶
4476	末吉
4477	小吉
4478	小吉
4479	凶
4480	小吉
4481	大吉
4482	大吉
4483	小吉
4484	凶
4485	凶
4486	大吉
4487	末吉
4488	凶
4489	大吉
4490	末吉
4491	小吉
4492	小吉
4493	大吉
4494	凶
4495	凶
4496	小吉
4497	凶
4498	末吉
4499	凶

4700	凶	4650	凶	4600	大吉	4550	半吉	4500	凶
4701	大吉	4651	半吉	4601	大吉	4551	大吉	4501	凶
4702	半吉	4652	大吉	4602	凶	4552	凶	4502	半吉
4703	大吉	4653	半吉	4603	半吉	4553	凶	4503	大吉
4704	凶	4654	大吉	4604	大吉	4554	凶	4504	凶
4705	大吉	4655	凶	4605	半吉	4555	半吉	4505	凶
4706	半吉	4656	大吉	4606	大吉	4556	大吉	4506	凶
4707	大吉	4657	小吉	4607	凶	4557	凶	4507	半吉
4708	末吉	4658	小吉	4608	大吉	4558	半吉	4508	大吉
4709	半吉	4659	末吉	4609	小吉	4559	大吉	4509	凶
4710	凶	4660	大吉	4610	小吉	4560	凶	4510	半吉
4711	半吉	4661	半吉	4611	末吉	4561	大吉	4511	大吉
4712	大吉	4662	凶	4612	大吉	4562	小吉	4512	凶
4713	半吉	4663	末吉	4613	半吉	4563	小吉	4513	大吉
4714	末吉	4664	大吉	4614	凶	4564	大吉	4514	小吉
4715	半吉	4665	小吉	4615	末吉	4565	末吉	4515	小吉
4716	小吉	4666	小吉	4616	大吉	4566	凶	4516	大吉
4717	小吉	4667	大吉	4617	小吉	4567	末吉	4517	末吉
4718	末吉	4668	小吉	4618	小吉	4568	凶	4518	凶
4719	半吉	4669	大吉	4619	大吉	4569	凶	4519	末吉
4720	凶	4670	末吉	4620	小吉	4570	半吉	4520	凶
4721	大吉	4671	凶	4621	大吉	4571	小吉	4521	凶
4722	凶	4672	末吉	4622	末吉	4572	小吉	4522	半吉
4723	半吉	4673	大吉	4623	凶	4573	凶	4523	小吉
4724	末吉	4674	凶	4624	末吉	4574	半吉	4524	小吉
4725	大吉	4675	半吉	4625	大吉	4575	大吉	4525	凶
4726	半吉	4676	大吉	4626	凶	4576	凶	4526	半吉
4727	大吉	4677	半吉	4627	半吉	4577	凶	4527	大吉
4728	凶	4678	大吉	4628	大吉	4578	凶	4528	凶
4729	大吉	4679	凶	4629	半吉	4579	半吉	4529	凶
4730	半吉	4680	大吉	4630	大吉	4580	大吉	4530	凶
4731	大吉	4681	小吉	4631	凶	4581	凶	4531	半吉
4732	末吉	4682	小吉	4632	大吉	4582	半吉	4532	大吉
4733	半吉	4683	末吉	4633	小吉	4583	大吉	4533	凶
4734	凶	4684	大吉	4634	小吉	4584	凶	4534	半吉
4735	半吉	4685	半吉	4635	末吉	4585	大吉	4535	大吉
4736	大吉	4686	凶	4636	大吉	4586	小吉	4536	凶
4737	半吉	4687	末吉	4637	半吉	4587	小吉	4537	大吉
4738	末吉	4688	大吉	4638	凶	4588	大吉	4538	小吉
4739	半吉	4689	小吉	4639	末吉	4589	末吉	4539	小吉
4740	小吉	4690	小吉	4640	大吉	4590	凶	4540	大吉
4741	小吉	4691	大吉	4641	小吉	4591	末吉	4541	末吉
4742	末吉	4692	小吉	4642	小吉	4592	凶	4542	凶
4743	半吉	4693	大吉	4643	大吉	4593	凶	4543	末吉
4744	凶	4694	末吉	4644	小吉	4594	半吉	4544	凶
4745	大吉	4695	凶	4645	大吉	4595	小吉	4545	凶
4746	凶	4696	末吉	4646	末吉	4596	小吉	4546	半吉
4747	半吉	4697	大吉	4647	凶	4597	凶	4547	小吉
4748	末吉	4698	凶	4648	末吉	4598	半吉	4548	小吉
4749	大吉	4699	半吉	4649	大吉	4599	大吉	4549	凶

4750	半吉
4751	大吉
4752	凶
4753	大吉
4754	半吉
4755	大吉
4756	末吉
4757	半吉
4758	凶
4759	半吉
4760	大吉
4761	半吉
4762	末吉
4763	半吉
4764	小吉
4765	小吉
4766	末吉
4767	半吉
4768	凶
4769	大吉
4770	凶
4771	半吉
4772	末吉
4773	大吉
4774	半吉
4775	大吉
4776	凶
4777	大吉
4778	半吉
4779	大吉
4780	末吉
4781	半吉
4782	凶
4783	半吉
4784	大吉
4785	半吉
4786	末吉
4787	半吉
4788	小吉
4789	小吉
4790	末吉
4791	半吉
4792	凶
4793	大吉
4794	凶
4795	半吉
4796	末吉
4797	大吉
4798	半吉
4799	大吉

4800	大吉
4801	小吉
4802	小吉
4803	大吉
4804	大吉
4805	末吉
4806	凶
4807	凶
4808	大吉
4809	凶
4810	半吉
4811	半吉
4812	凶
4813	凶
4814	半吉
4815	大吉
4816	凶
4817	凶
4818	半吉
4819	小吉
4820	半吉
4821	大吉
4822	末吉
4823	半吉
4824	末吉
4825	小吉
4826	小吉
4827	大吉
4828	大吉
4829	末吉
4830	凶
4831	凶
4832	大吉
4833	凶
4834	半吉
4835	半吉
4836	凶
4837	凶
4838	半吉
4839	大吉
4840	凶
4841	凶
4842	半吉
4843	小吉
4844	半吉
4845	大吉
4846	末吉
4847	半吉
4848	末吉
4849	小吉

4850	小吉
4851	大吉
4852	大吉
4853	末吉
4854	凶
4855	凶
4856	大吉
4857	凶
4858	半吉
4859	半吉
4860	凶
4861	凶
4862	半吉
4863	大吉
4864	凶
4865	凶
4866	半吉
4867	小吉
4868	半吉
4869	大吉
4870	末吉
4871	半吉
4872	末吉
4873	小吉
4874	小吉
4875	大吉
4876	大吉
4877	末吉
4878	凶
4879	凶
4880	大吉
4881	凶
4882	半吉
4883	半吉
4884	凶
4885	凶
4886	半吉
4887	大吉
4888	凶
4889	凶
4890	半吉
4891	小吉
4892	半吉
4893	大吉
4894	末吉
4895	半吉
4896	末吉
4897	小吉
4898	小吉
4899	大吉

4900	末吉
4901	大吉
4902	末吉
4903	大吉
4904	末吉
4905	小吉
4906	小吉
4907	半吉
4908	凶
4909	半吉
4910	凶
4911	大吉
4912	凶
4913	小吉
4914	小吉
4915	末吉
4916	大吉
4917	凶
4918	末吉
4919	小吉
4920	末吉
4921	半吉
4922	半吉
4923	大吉
4924	小吉
4925	大吉
4926	末吉
4927	大吉
4928	末吉
4929	小吉
4930	小吉
4931	半吉
4932	凶
4933	半吉
4934	凶
4935	大吉
4936	凶
4937	小吉
4938	小吉
4939	末吉
4940	大吉
4941	凶
4942	末吉
4943	小吉
4944	末吉
4945	半吉
4946	半吉
4947	大吉
4948	小吉
4949	大吉

4950	末吉
4951	大吉
4952	末吉
4953	小吉
4954	小吉
4955	半吉
4956	凶
4957	半吉
4958	凶
4959	大吉
4960	凶
4961	小吉
4962	小吉
4963	末吉
4964	大吉
4965	凶
4966	末吉
4967	小吉
4968	末吉
4969	半吉
4970	半吉
4971	大吉
4972	小吉
4973	大吉
4974	末吉
4975	大吉
4976	末吉
4977	小吉
4978	小吉
4979	半吉
4980	凶
4981	半吉
4982	凶
4983	大吉
4984	凶
4985	小吉
4986	小吉
4987	末吉
4988	大吉
4989	凶
4990	末吉
4991	小吉
4992	末吉
4993	半吉
4994	半吉
4995	大吉
4996	小吉
4997	大吉
4998	末吉
4999	大吉

5200	凶
5201	大吉
5202	大吉
5203	小吉
5204	凶
5205	凶
5206	大吉
5207	末吉
5208	凶
5209	大吉
5210	末吉
5211	小吉
5212	小吉
5213	大吉
5214	凶
5215	凶
5216	小吉
5217	凶
5218	末吉
5219	凶
5220	末吉
5221	小吉
5222	小吉
5223	凶
5224	小吉
5225	大吉
5226	大吉
5227	小吉
5228	凶
5229	凶
5230	大吉
5231	末吉
5232	凶
5233	大吉
5234	末吉
5235	小吉
5236	小吉
5237	大吉
5238	凶
5239	凶
5240	小吉
5241	凶
5242	末吉
5243	凶
5244	末吉
5245	小吉
5246	小吉
5247	凶
5248	小吉
5249	大吉

5150	小吉
5151	小吉
5152	小吉
5153	末吉
5154	末吉
5155	小吉
5156	凶
5157	小吉
5158	末吉
5159	大吉
5160	凶
5161	大吉
5162	大吉
5163	大吉
5164	半吉
5165	大吉
5166	半吉
5167	凶
5168	末吉
5169	小吉
5170	大吉
5171	大吉
5172	小吉
5173	末吉
5174	小吉
5175	小吉
5176	小吉
5177	末吉
5178	末吉
5179	小吉
5180	凶
5181	小吉
5182	末吉
5183	大吉
5184	凶
5185	大吉
5186	大吉
5187	大吉
5188	半吉
5189	大吉
5190	半吉
5191	凶
5192	末吉
5193	小吉
5194	大吉
5195	大吉
5196	小吉
5197	末吉
5198	小吉
5199	小吉

5100	小吉
5101	末吉
5102	小吉
5103	小吉
5104	小吉
5105	末吉
5106	末吉
5107	小吉
5108	凶
5109	小吉
5110	末吉
5111	大吉
5112	凶
5113	大吉
5114	大吉
5115	大吉
5116	半吉
5117	大吉
5118	半吉
5119	凶
5120	末吉
5121	小吉
5122	大吉
5123	大吉
5124	小吉
5125	末吉
5126	小吉
5127	小吉
5128	小吉
5129	末吉
5130	末吉
5131	小吉
5132	凶
5133	小吉
5134	末吉
5135	大吉
5136	凶
5137	大吉
5138	大吉
5139	大吉
5140	半吉
5141	大吉
5142	半吉
5143	凶
5144	末吉
5145	小吉
5146	大吉
5147	大吉
5148	小吉
5149	末吉

5050	凶
5051	末吉
5052	半吉
5053	小吉
5054	凶
5055	半吉
5056	大吉
5057	半吉
5058	凶
5059	末吉
5060	末吉
5061	半吉
5062	大吉
5063	半吉
5064	小吉
5065	小吉
5066	大吉
5067	凶
5068	半吉
5069	大吉
5070	凶
5071	末吉
5072	大吉
5073	凶
5074	凶
5075	末吉
5076	半吉
5077	小吉
5078	凶
5079	半吉
5080	大吉
5081	半吉
5082	凶
5083	末吉
5084	末吉
5085	半吉
5086	大吉
5087	半吉
5088	小吉
5089	小吉
5090	大吉
5091	凶
5092	半吉
5093	大吉
5094	凶
5095	末吉
5096	大吉
5097	凶
5098	凶
5099	末吉

5000	半吉
5001	凶
5002	凶
5003	末吉
5004	半吉
5005	小吉
5006	凶
5007	半吉
5008	大吉
5009	半吉
5010	凶
5011	末吉
5012	末吉
5013	半吉
5014	大吉
5015	半吉
5016	小吉
5017	小吉
5018	大吉
5019	凶
5020	半吉
5021	大吉
5022	凶
5023	末吉
5024	大吉
5025	凶
5026	凶
5027	末吉
5028	半吉
5029	小吉
5030	凶
5031	半吉
5032	大吉
5033	半吉
5034	凶
5035	末吉
5036	末吉
5037	半吉
5038	大吉
5039	半吉
5040	小吉
5041	小吉
5042	大吉
5043	凶
5044	半吉
5045	大吉
5046	凶
5047	末吉
5048	大吉
5049	凶

5250	大吉
5251	小吉
5252	凶
5253	凶
5254	大吉
5255	末吉
5256	凶
5257	大吉
5258	末吉
5259	小吉
5260	小吉
5261	大吉
5262	凶
5263	凶
5264	小吉
5265	凶
5266	末吉
5267	凶
5268	末吉
5269	小吉
5270	小吉
5271	凶
5272	小吉
5273	大吉
5274	大吉
5275	小吉
5276	凶
5277	凶
5278	大吉
5279	末吉
5280	凶
5281	大吉
5282	末吉
5283	小吉
5284	小吉
5285	大吉
5286	凶
5287	凶
5288	小吉
5289	凶
5290	末吉
5291	凶
5292	末吉
5293	小吉
5294	小吉
5295	凶
5296	小吉
5297	大吉
5298	大吉
5299	小吉

5300	凶
5301	凶
5302	半吉
5303	大吉
5304	凶
5305	大吉
5306	小吉
5307	小吉
5308	大吉
5309	末吉
5310	凶
5311	末吉
5312	凶
5313	凶
5314	半吉
5315	小吉
5316	小吉
5317	凶
5318	半吉
5319	大吉
5320	凶
5321	凶
5322	凶
5323	半吉
5324	大吉
5325	凶
5326	半吉
5327	大吉
5328	凶
5329	大吉
5330	小吉
5331	小吉
5332	大吉
5333	末吉
5334	凶
5335	末吉
5336	凶
5337	凶
5338	半吉
5339	小吉
5340	小吉
5341	凶
5342	半吉
5343	大吉
5344	凶
5345	凶
5346	凶
5347	半吉
5348	大吉
5349	凶

5350	半吉
5351	大吉
5352	凶
5353	大吉
5354	小吉
5355	小吉
5356	大吉
5357	末吉
5358	凶
5359	末吉
5360	凶
5361	凶
5362	半吉
5363	小吉
5364	小吉
5365	凶
5366	半吉
5367	大吉
5368	凶
5369	凶
5370	凶
5371	半吉
5372	大吉
5373	凶
5374	半吉
5375	大吉
5376	凶
5377	大吉
5378	小吉
5379	小吉
5380	大吉
5381	末吉
5382	凶
5383	末吉
5384	凶
5385	凶
5386	半吉
5387	小吉
5388	小吉
5389	凶
5390	半吉
5391	大吉
5392	凶
5393	凶
5394	凶
5395	半吉
5396	大吉
5397	凶
5398	半吉
5399	大吉

5400	大吉
5401	小吉
5402	小吉
5403	末吉
5404	大吉
5405	半吉
5406	凶
5407	末吉
5408	大吉
5409	小吉
5410	小吉
5411	大吉
5412	小吉
5413	大吉
5414	末吉
5415	凶
5416	末吉
5417	大吉
5418	凶
5419	半吉
5420	大吉
5421	半吉
5422	大吉
5423	凶
5424	大吉
5425	小吉
5426	小吉
5427	末吉
5428	大吉
5429	半吉
5430	凶
5431	末吉
5432	大吉
5433	小吉
5434	小吉
5435	大吉
5436	小吉
5437	大吉
5438	末吉
5439	凶
5440	末吉
5441	大吉
5442	凶
5443	半吉
5444	大吉
5445	半吉
5446	大吉
5447	凶
5448	大吉
5449	小吉

5450	小吉
5451	末吉
5452	大吉
5453	半吉
5454	凶
5455	末吉
5456	大吉
5457	小吉
5458	小吉
5459	大吉
5460	小吉
5461	大吉
5462	末吉
5463	凶
5464	末吉
5465	大吉
5466	凶
5467	半吉
5468	大吉
5469	半吉
5470	大吉
5471	凶
5472	大吉
5473	小吉
5474	小吉
5475	末吉
5476	大吉
5477	半吉
5478	凶
5479	末吉
5480	大吉
5481	小吉
5482	小吉
5483	大吉
5484	小吉
5485	大吉
5486	末吉
5487	凶
5488	末吉
5489	大吉
5490	凶
5491	半吉
5492	大吉
5493	半吉
5494	大吉
5495	凶
5496	大吉
5497	小吉
5498	小吉
5499	末吉

5500	大吉	5550	凶	5600	凶	5650	半吉	5700	凶
5501	半吉	5551	半吉	5601	凶	5651	半吉	5701	半吉
5502	凶	5552	大吉	5602	半吉	5652	凶	5702	凶
5503	半吉	5553	半吉	5603	半吉	5653	凶	5703	大吉
5504	大吉	5554	末吉	5604	凶	5654	半吉	5704	凶
5505	半吉	5555	半吉	5605	凶	5655	大吉	5705	小吉
5506	末吉	5556	小吉	5606	半吉	5656	凶	5706	小吉
5507	半吉	5557	小吉	5607	大吉	5657	凶	5707	末吉
5508	小吉	5558	末吉	5608	凶	5658	半吉	5708	大吉
5509	小吉	5559	半吉	5609	凶	5659	小吉	5709	凶
5510	末吉	5560	凶	5610	半吉	5660	半吉	5710	末吉
5511	半吉	5561	大吉	5611	小吉	5661	大吉	5711	小吉
5512	凶	5562	凶	5612	半吉	5662	末吉	5712	末吉
5513	大吉	5563	半吉	5613	大吉	5663	半吉	5713	半吉
5514	凶	5564	末吉	5614	末吉	5664	末吉	5714	半吉
5515	半吉	5565	大吉	5615	半吉	5665	小吉	5715	大吉
5516	末吉	5566	半吉	5616	末吉	5666	小吉	5716	小吉
5517	大吉	5567	大吉	5617	小吉	5667	大吉	5717	大吉
5518	半吉	5568	凶	5618	小吉	5668	大吉	5718	末吉
5519	大吉	5569	大吉	5619	大吉	5669	末吉	5719	大吉
5520	凶	5570	半吉	5620	大吉	5670	凶	5720	末吉
5521	大吉	5571	大吉	5621	末吉	5671	凶	5721	小吉
5522	半吉	5572	末吉	5622	凶	5672	大吉	5722	小吉
5523	大吉	5573	半吉	5623	凶	5673	凶	5723	半吉
5524	末吉	5574	凶	5624	大吉	5674	半吉	5724	凶
5525	半吉	5575	半吉	5625	凶	5675	半吉	5725	半吉
5526	凶	5576	大吉	5626	半吉	5676	凶	5726	凶
5527	半吉	5577	半吉	5627	半吉	5677	凶	5727	大吉
5528	大吉	5578	末吉	5628	凶	5678	半吉	5728	凶
5529	半吉	5579	半吉	5629	凶	5679	大吉	5729	小吉
5530	末吉	5580	小吉	5630	半吉	5680	凶	5730	小吉
5531	半吉	5581	小吉	5631	大吉	5681	凶	5731	末吉
5532	小吉	5582	末吉	5632	凶	5682	半吉	5732	大吉
5533	小吉	5583	半吉	5633	凶	5683	小吉	5733	凶
5534	末吉	5584	凶	5634	半吉	5684	半吉	5734	末吉
5535	半吉	5585	大吉	5635	小吉	5685	大吉	5735	小吉
5536	凶	5586	凶	5636	半吉	5686	末吉	5736	末吉
5537	大吉	5587	半吉	5637	大吉	5687	半吉	5737	半吉
5538	凶	5588	末吉	5638	末吉	5688	末吉	5738	半吉
5539	半吉	5589	大吉	5639	半吉	5689	小吉	5739	大吉
5540	末吉	5590	半吉	5640	末吉	5690	小吉	5740	小吉
5541	大吉	5591	大吉	5641	小吉	5691	大吉	5741	大吉
5542	半吉	5592	凶	5642	小吉	5692	大吉	5742	末吉
5543	大吉	5593	大吉	5643	大吉	5693	末吉	5743	大吉
5544	凶	5594	半吉	5644	大吉	5694	凶	5744	末吉
5545	大吉	5595	大吉	5645	末吉	5695	凶	5745	小吉
5546	半吉	5596	末吉	5646	凶	5696	大吉	5746	小吉
5547	大吉	5597	半吉	5647	凶	5697	凶	5747	半吉
5548	末吉	5598	凶	5648	大吉	5698	半吉	5748	凶
5549	半吉	5599	半吉	5649	凶	5699	半吉	5749	半吉

5750	凶
5751	大吉
5752	凶
5753	小吉
5754	小吉
5755	末吉
5756	大吉
5757	凶
5758	末吉
5759	小吉
5760	末吉
5761	半吉
5762	半吉
5763	大吉
5764	小吉
5765	大吉
5766	末吉
5767	大吉
5768	末吉
5769	小吉
5770	小吉
5771	半吉
5772	凶
5773	半吉
5774	凶
5775	大吉
5776	凶
5777	小吉
5778	小吉
5779	末吉
5780	大吉
5781	凶
5782	末吉
5783	小吉
5784	末吉
5785	半吉
5786	半吉
5787	大吉
5788	小吉
5789	大吉
5790	末吉
5791	大吉
5792	末吉
5793	小吉
5794	小吉
5795	半吉
5796	凶
5797	半吉
5798	凶
5799	大吉

5800	末吉
5801	半吉
5802	凶
5803	末吉
5804	末吉
5805	半吉
5806	大吉
5807	半吉
5808	小吉
5809	小吉
5810	大吉
5811	凶
5812	半吉
5813	大吉
5814	凶
5815	末吉
5816	大吉
5817	凶
5818	凶
5819	末吉
5820	半吉
5821	小吉
5822	凶
5823	半吉
5824	大吉
5825	半吉
5826	凶
5827	末吉
5828	末吉
5829	半吉
5830	大吉
5831	半吉
5832	小吉
5833	小吉
5834	大吉
5835	凶
5836	半吉
5837	大吉
5838	凶
5839	末吉
5840	大吉
5841	凶
5842	凶
5843	末吉
5844	半吉
5845	小吉
5846	凶
5847	半吉
5848	大吉
5849	半吉

5850	凶
5851	末吉
5852	末吉
5853	半吉
5854	大吉
5855	半吉
5856	小吉
5857	小吉
5858	大吉
5859	凶
5860	半吉
5861	大吉
5862	凶
5863	末吉
5864	大吉
5865	凶
5866	凶
5867	末吉
5868	半吉
5869	小吉
5870	凶
5871	半吉
5872	大吉
5873	半吉
5874	凶
5875	末吉
5876	末吉
5877	半吉
5878	大吉
5879	半吉
5880	小吉
5881	小吉
5882	大吉
5883	凶
5884	半吉
5885	大吉
5886	凶
5887	末吉
5888	大吉
5889	凶
5890	凶
5891	末吉
5892	半吉
5893	小吉
5894	凶
5895	半吉
5896	大吉
5897	半吉
5898	凶
5899	末吉

5900	凶
5901	小吉
5902	末吉
5903	大吉
5904	凶
5905	大吉
5906	大吉
5907	大吉
5908	半吉
5909	大吉
5910	半吉
5911	凶
5912	末吉
5913	小吉
5914	大吉
5915	大吉
5916	小吉
5917	末吉
5918	小吉
5919	小吉
5920	小吉
5921	末吉
5922	末吉
5923	小吉
5924	凶
5925	小吉
5926	末吉
5927	大吉
5928	凶
5929	大吉
5930	大吉
5931	大吉
5932	半吉
5933	大吉
5934	半吉
5935	凶
5936	末吉
5937	小吉
5938	大吉
5939	大吉
5940	小吉
5941	末吉
5942	小吉
5943	小吉
5944	小吉
5945	末吉
5946	末吉
5947	小吉
5948	凶
5949	小吉

5950	末吉
5951	大吉
5952	凶
5953	大吉
5954	大吉
5955	大吉
5956	半吉
5957	大吉
5958	半吉
5959	凶
5960	末吉
5961	小吉
5962	大吉
5963	大吉
5964	小吉
5965	末吉
5966	小吉
5967	小吉
5968	小吉
5969	末吉
5970	末吉
5971	小吉
5972	凶
5973	小吉
5974	末吉
5975	大吉
5976	凶
5977	大吉
5978	大吉
5979	大吉
5980	半吉
5981	大吉
5982	半吉
5983	凶
5984	末吉
5985	小吉
5986	大吉
5987	大吉
5988	小吉
5989	末吉
5990	小吉
5991	小吉
5992	小吉
5993	末吉
5994	末吉
5995	小吉
5996	凶
5997	小吉
5998	末吉
5999	大吉

6200	小吉	6150	凶	6100	凶	6050	末吉	6000	小吉
6201	小吉	6151	末吉	6101	末吉	6051	小吉	6001	大吉
6202	小吉	6152	凶	6102	凶	6052	小吉	6002	末吉
6203	大吉	6153	凶	6103	末吉	6053	大吉	6003	小吉
6204	小吉	6154	半吉	6104	凶	6054	凶	6004	小吉
6205	大吉	6155	小吉	6105	凶	6055	凶	6005	大吉
6206	末吉	6156	小吉	6106	半吉	6056	小吉	6006	凶
6207	凶	6157	凶	6107	小吉	6057	凶	6007	凶
6208	末吉	6158	半吉	6108	小吉	6058	末吉	6008	小吉
6209	大吉	6159	大吉	6109	凶	6059	凶	6009	凶
6210	凶	6160	凶	6110	半吉	6060	末吉	6010	末吉
6211	半吉	6161	凶	6111	大吉	6061	小吉	6011	凶
6212	大吉	6162	凶	6112	凶	6062	小吉	6012	末吉
6213	半吉	6163	半吉	6113	凶	6063	凶	6013	小吉
6214	大吉	6164	大吉	6114	凶	6064	小吉	6014	小吉
6215	凶	6165	凶	6115	半吉	6065	大吉	6015	凶
6216	大吉	6166	半吉	6116	大吉	6066	大吉	6016	小吉
6217	小吉	6167	大吉	6117	凶	6067	小吉	6017	大吉
6218	小吉	6168	凶	6118	半吉	6068	凶	6018	大吉
6219	末吉	6169	大吉	6119	大吉	6069	凶	6019	小吉
6220	大吉	6170	小吉	6120	凶	6070	大吉	6020	凶
6221	半吉	6171	小吉	6121	大吉	6071	末吉	6021	凶
6222	凶	6172	大吉	6122	小吉	6072	凶	6022	大吉
6223	末吉	6173	末吉	6123	小吉	6073	大吉	6023	末吉
6224	大吉	6174	凶	6124	大吉	6074	末吉	6024	凶
6225	小吉	6175	末吉	6125	末吉	6075	小吉	6025	大吉
6226	小吉	6176	凶	6126	凶	6076	小吉	6026	末吉
6227	大吉	6177	凶	6127	末吉	6077	大吉	6027	小吉
6228	小吉	6178	半吉	6128	凶	6078	凶	6028	小吉
6229	大吉	6179	小吉	6129	凶	6079	凶	6029	大吉
6230	末吉	6180	小吉	6130	半吉	6080	小吉	6030	凶
6231	凶	6181	凶	6131	小吉	6081	凶	6031	凶
6232	末吉	6182	半吉	6132	小吉	6082	末吉	6032	小吉
6233	大吉	6183	大吉	6133	凶	6083	凶	6033	凶
6234	凶	6184	凶	6134	半吉	6084	末吉	6034	末吉
6235	半吉	6185	凶	6135	大吉	6085	小吉	6035	凶
6236	大吉	6186	凶	6136	凶	6086	小吉	6036	末吉
6237	半吉	6187	半吉	6137	凶	6087	凶	6037	小吉
6238	大吉	6188	大吉	6138	凶	6088	小吉	6038	小吉
6239	凶	6189	凶	6139	半吉	6089	大吉	6039	凶
6240	大吉	6190	半吉	6140	大吉	6090	大吉	6040	小吉
6241	小吉	6191	大吉	6141	凶	6091	小吉	6041	大吉
6242	小吉	6192	凶	6142	半吉	6092	凶	6042	大吉
6243	末吉	6193	大吉	6143	大吉	6093	凶	6043	小吉
6244	大吉	6194	小吉	6144	凶	6094	大吉	6044	凶
6245	半吉	6195	小吉	6145	大吉	6095	末吉	6045	凶
6246	凶	6196	大吉	6146	小吉	6096	凶	6046	大吉
6247	末吉	6197	末吉	6147	小吉	6097	大吉	6047	末吉
6248	大吉	6198	凶	6148	大吉	6098	末吉	6048	凶
6249	小吉	6199	末吉	6149	末吉	6099	小吉	6049	大吉

6250	小吉
6251	大吉
6252	小吉
6253	大吉
6254	末吉
6255	凶
6256	末吉
6257	大吉
6258	凶
6259	半吉
6260	大吉
6261	半吉
6262	大吉
6263	凶
6264	大吉
6265	小吉
6266	小吉
6267	末吉
6268	大吉
6269	半吉
6270	凶
6271	末吉
6272	大吉
6273	小吉
6274	小吉
6275	大吉
6276	小吉
6277	大吉
6278	末吉
6279	凶
6280	末吉
6281	大吉
6282	凶
6283	半吉
6284	大吉
6285	半吉
6286	大吉
6287	凶
6288	大吉
6289	小吉
6290	小吉
6291	末吉
6292	大吉
6293	半吉
6294	凶
6295	末吉
6296	大吉
6297	小吉
6298	小吉
6299	大吉

6300	凶
6301	小吉
6302	末吉
6303	半吉
6304	凶
6305	大吉
6306	凶
6307	半吉
6308	末吉
6309	大吉
6310	半吉
6311	大吉
6312	凶
6313	大吉
6314	半吉
6315	大吉
6316	末吉
6317	半吉
6318	凶
6319	半吉
6320	大吉
6321	半吉
6322	末吉
6323	半吉
6324	小吉
6325	小吉
6326	末吉
6327	半吉
6328	凶
6329	大吉
6330	凶
6331	半吉
6332	末吉
6333	大吉
6334	半吉
6335	大吉
6336	凶
6337	大吉
6338	半吉
6339	大吉
6340	末吉
6341	半吉
6342	凶
6343	半吉
6344	大吉
6345	半吉
6346	末吉
6347	半吉
6348	小吉
6349	小吉

6350	末吉
6351	半吉
6352	凶
6353	大吉
6354	凶
6355	半吉
6356	末吉
6357	大吉
6358	半吉
6359	大吉
6360	凶
6361	大吉
6362	半吉
6363	大吉
6364	末吉
6365	半吉
6366	凶
6367	半吉
6368	大吉
6369	半吉
6370	末吉
6371	半吉
6372	小吉
6373	小吉
6374	末吉
6375	半吉
6376	凶
6377	大吉
6378	凶
6379	半吉
6380	末吉
6381	大吉
6382	半吉
6383	大吉
6384	凶
6385	大吉
6386	半吉
6387	大吉
6388	末吉
6389	半吉
6390	凶
6391	半吉
6392	大吉
6393	半吉
6394	末吉
6395	半吉
6396	小吉
6397	小吉
6398	末吉
6399	半吉

6400	半吉
6401	凶
6402	半吉
6403	小吉
6404	半吉
6405	大吉
6406	末吉
6407	半吉
6408	末吉
6409	小吉
6410	小吉
6411	大吉
6412	大吉
6413	末吉
6414	凶
6415	凶
6416	大吉
6417	凶
6418	半吉
6419	半吉
6420	凶
6421	凶
6422	半吉
6423	大吉
6424	凶
6425	凶
6426	半吉
6427	小吉
6428	半吉
6429	大吉
6430	末吉
6431	半吉
6432	末吉
6433	小吉
6434	小吉
6435	大吉
6436	大吉
6437	末吉
6438	凶
6439	凶
6440	大吉
6441	凶
6442	半吉
6443	半吉
6444	凶
6445	凶
6446	半吉
6447	大吉
6448	凶
6449	凶

6450	半吉
6451	小吉
6452	半吉
6453	大吉
6454	末吉
6455	半吉
6456	末吉
6457	小吉
6458	小吉
6459	大吉
6460	大吉
6461	末吉
6462	凶
6463	凶
6464	大吉
6465	凶
6466	半吉
6467	半吉
6468	凶
6469	凶
6470	半吉
6471	大吉
6472	凶
6473	凶
6474	半吉
6475	小吉
6476	半吉
6477	大吉
6478	末吉
6479	半吉
6480	末吉
6481	小吉
6482	小吉
6483	大吉
6484	大吉
6485	末吉
6486	凶
6487	凶
6488	大吉
6489	凶
6490	半吉
6491	半吉
6492	凶
6493	凶
6494	半吉
6495	大吉
6496	凶
6497	凶
6498	半吉
6499	小吉

6500 ～ 6749

6700	末吉
6701	大吉
6702	半吉
6703	凶
6704	末吉
6705	小吉
6706	大吉
6707	大吉
6708	小吉
6709	末吉
6710	小吉
6711	小吉
6712	小吉
6713	末吉
6714	末吉
6715	小吉
6716	凶
6717	小吉
6718	末吉
6719	大吉
6720	凶
6721	大吉
6722	大吉
6723	大吉
6724	半吉
6725	大吉
6726	半吉
6727	凶
6728	末吉
6729	小吉
6730	大吉
6731	大吉
6732	小吉
6733	末吉
6734	小吉
6735	小吉
6736	小吉
6737	末吉
6738	末吉
6739	小吉
6740	凶
6741	小吉
6742	末吉
6743	大吉
6744	凶
6745	大吉
6746	大吉
6747	大吉
6748	半吉
6749	大吉

6650	大吉
6651	凶
6652	半吉
6653	大吉
6654	凶
6655	末吉
6656	大吉
6657	凶
6658	凶
6659	末吉
6660	半吉
6661	小吉
6662	凶
6663	半吉
6664	大吉
6665	半吉
6666	凶
6667	末吉
6668	末吉
6669	半吉
6670	大吉
6671	半吉
6672	小吉
6673	小吉
6674	大吉
6675	凶
6676	半吉
6677	大吉
6678	凶
6679	末吉
6680	大吉
6681	凶
6682	凶
6683	末吉
6684	半吉
6685	小吉
6686	凶
6687	半吉
6688	大吉
6689	半吉
6690	凶
6691	末吉
6692	末吉
6693	半吉
6694	大吉
6695	半吉
6696	小吉
6697	小吉
6698	大吉
6699	凶

6600	半吉
6601	小吉
6602	大吉
6603	凶
6604	半吉
6605	大吉
6606	凶
6607	末吉
6608	大吉
6609	凶
6610	凶
6611	末吉
6612	半吉
6613	小吉
6614	凶
6615	半吉
6616	大吉
6617	半吉
6618	凶
6619	末吉
6620	末吉
6621	半吉
6622	大吉
6623	半吉
6624	小吉
6625	小吉
6626	大吉
6627	凶
6628	半吉
6629	大吉
6630	凶
6631	末吉
6632	大吉
6633	凶
6634	凶
6635	末吉
6636	半吉
6637	小吉
6638	凶
6639	半吉
6640	大吉
6641	半吉
6642	凶
6643	末吉
6644	末吉
6645	半吉
6646	大吉
6647	半吉
6648	小吉
6649	小吉

6550	末吉
6551	小吉
6552	末吉
6553	半吉
6554	半吉
6555	大吉
6556	小吉
6557	大吉
6558	末吉
6559	大吉
6560	末吉
6561	小吉
6562	小吉
6563	半吉
6564	凶
6565	半吉
6566	凶
6567	大吉
6568	凶
6569	小吉
6570	小吉
6571	末吉
6572	大吉
6573	凶
6574	末吉
6575	小吉
6576	末吉
6577	半吉
6578	半吉
6579	大吉
6580	小吉
6581	大吉
6582	末吉
6583	大吉
6584	末吉
6585	小吉
6586	小吉
6587	半吉
6588	凶
6589	半吉
6590	凶
6591	大吉
6592	凶
6593	小吉
6594	小吉
6595	末吉
6596	大吉
6597	凶
6598	末吉
6599	小吉

6500	末吉
6501	凶
6502	末吉
6503	小吉
6504	末吉
6505	半吉
6506	半吉
6507	大吉
6508	小吉
6509	大吉
6510	末吉
6511	大吉
6512	末吉
6513	小吉
6514	小吉
6515	半吉
6516	凶
6517	半吉
6518	凶
6519	大吉
6520	凶
6521	小吉
6522	小吉
6523	末吉
6524	大吉
6525	凶
6526	末吉
6527	小吉
6528	末吉
6529	半吉
6530	半吉
6531	大吉
6532	小吉
6533	大吉
6534	末吉
6535	大吉
6536	末吉
6537	小吉
6538	小吉
6539	半吉
6540	凶
6541	半吉
6542	凶
6543	大吉
6544	凶
6545	小吉
6546	小吉
6547	末吉
6548	大吉
6549	凶

6750	半吉
6751	凶
6752	末吉
6753	小吉
6754	大吉
6755	大吉
6756	小吉
6757	末吉
6758	小吉
6759	小吉
6760	小吉
6761	末吉
6762	末吉
6763	小吉
6764	凶
6765	小吉
6766	末吉
6767	大吉
6768	凶
6769	大吉
6770	大吉
6771	大吉
6772	半吉
6773	大吉
6774	半吉
6775	凶
6776	末吉
6777	小吉
6778	大吉
6779	大吉
6780	小吉
6781	末吉
6782	小吉
6783	小吉
6784	小吉
6785	末吉
6786	末吉
6787	小吉
6788	凶
6789	小吉
6790	末吉
6791	大吉
6792	凶
6793	大吉
6794	大吉
6795	大吉
6796	半吉
6797	大吉
6798	半吉
6799	凶

6800	末吉
6801	凶
6802	末吉
6803	凶
6804	末吉
6805	小吉
6806	小吉
6807	凶
6808	小吉
6809	大吉
6810	大吉
6811	小吉
6812	凶
6813	凶
6814	大吉
6815	末吉
6816	凶
6817	大吉
6818	末吉
6819	小吉
6820	小吉
6821	大吉
6822	凶
6823	凶
6824	小吉
6825	凶
6826	末吉
6827	凶
6828	末吉
6829	小吉
6830	小吉
6831	凶
6832	小吉
6833	大吉
6834	大吉
6835	小吉
6836	凶
6837	凶
6838	大吉
6839	末吉
6840	凶
6841	大吉
6842	末吉
6843	小吉
6844	小吉
6845	大吉
6846	凶
6847	凶
6848	小吉
6849	凶

6850	末吉
6851	凶
6852	末吉
6853	小吉
6854	小吉
6855	凶
6856	小吉
6857	大吉
6858	大吉
6859	小吉
6860	凶
6861	凶
6862	大吉
6863	末吉
6864	凶
6865	大吉
6866	末吉
6867	小吉
6868	小吉
6869	大吉
6870	凶
6871	凶
6872	小吉
6873	凶
6874	末吉
6875	凶
6876	末吉
6877	小吉
6878	小吉
6879	凶
6880	小吉
6881	大吉
6882	大吉
6883	小吉
6884	凶
6885	凶
6886	大吉
6887	末吉
6888	凶
6889	大吉
6890	末吉
6891	小吉
6892	小吉
6893	大吉
6894	凶
6895	凶
6896	小吉
6897	凶
6898	末吉
6899	凶

6900	凶
6901	凶
6902	半吉
6903	大吉
6904	凶
6905	凶
6906	凶
6907	半吉
6908	大吉
6909	凶
6910	半吉
6911	大吉
6912	凶
6913	大吉
6914	小吉
6915	小吉
6916	大吉
6917	末吉
6918	凶
6919	末吉
6920	凶
6921	凶
6922	半吉
6923	小吉
6924	小吉
6925	凶
6926	半吉
6927	大吉
6928	凶
6929	凶
6930	凶
6931	半吉
6932	大吉
6933	凶
6934	半吉
6935	大吉
6936	凶
6937	大吉
6938	小吉
6939	小吉
6940	大吉
6941	末吉
6942	凶
6943	末吉
6944	凶
6945	凶
6946	半吉
6947	小吉
6948	小吉
6949	凶

6950	半吉
6951	大吉
6952	凶
6953	凶
6954	凶
6955	半吉
6956	大吉
6957	凶
6958	半吉
6959	大吉
6960	凶
6961	大吉
6962	小吉
6963	小吉
6964	大吉
6965	末吉
6966	凶
6967	末吉
6968	凶
6969	凶
6970	半吉
6971	小吉
6972	小吉
6973	凶
6974	半吉
6975	大吉
6976	凶
6977	凶
6978	凶
6979	半吉
6980	大吉
6981	凶
6982	半吉
6983	大吉
6984	凶
6985	大吉
6986	小吉
6987	小吉
6988	大吉
6989	末吉
6990	凶
6991	末吉
6992	凶
6993	凶
6994	半吉
6995	小吉
6996	小吉
6997	凶
6998	半吉
6999	大吉

7000～7249

7000	大吉
7001	大吉
7002	凶
7003	半吉
7004	大吉
7005	半吉
7006	大吉
7007	凶
7008	大吉
7009	小吉
7010	小吉
7011	末吉
7012	大吉
7013	半吉
7014	凶
7015	末吉
7016	大吉
7017	小吉
7018	小吉
7019	大吉
7020	小吉
7021	大吉
7022	末吉
7023	凶
7024	末吉
7025	大吉
7026	凶
7027	半吉
7028	大吉
7029	半吉
7030	大吉
7031	凶
7032	大吉
7033	小吉
7034	小吉
7035	末吉
7036	大吉
7037	半吉
7038	凶
7039	末吉
7040	大吉
7041	小吉
7042	小吉
7043	大吉
7044	小吉
7045	大吉
7046	末吉
7047	凶
7048	末吉
7049	大吉

7050	凶
7051	半吉
7052	大吉
7053	半吉
7054	大吉
7055	凶
7056	大吉
7057	小吉
7058	小吉
7059	末吉
7060	大吉
7061	半吉
7062	凶
7063	末吉
7064	大吉
7065	小吉
7066	小吉
7067	大吉
7068	小吉
7069	大吉
7070	末吉
7071	凶
7072	末吉
7073	大吉
7074	凶
7075	半吉
7076	大吉
7077	半吉
7078	大吉
7079	凶
7080	大吉
7081	小吉
7082	小吉
7083	末吉
7084	大吉
7085	半吉
7086	凶
7087	末吉
7088	大吉
7089	小吉
7090	小吉
7091	大吉
7092	小吉
7093	大吉
7094	末吉
7095	凶
7096	末吉
7097	大吉
7098	凶
7099	半吉

7100	凶
7101	大吉
7102	半吉
7103	大吉
7104	凶
7105	大吉
7106	半吉
7107	大吉
7108	末吉
7109	半吉
7110	凶
7111	半吉
7112	大吉
7113	半吉
7114	末吉
7115	半吉
7116	小吉
7117	小吉
7118	末吉
7119	半吉
7120	凶
7121	大吉
7122	凶
7123	半吉
7124	末吉
7125	大吉
7126	半吉
7127	大吉
7128	凶
7129	大吉
7130	半吉
7131	大吉
7132	末吉
7133	半吉
7134	凶
7135	半吉
7136	大吉
7137	半吉
7138	末吉
7139	半吉
7140	小吉
7141	小吉
7142	末吉
7143	半吉
7144	凶
7145	大吉
7146	凶
7147	半吉
7148	末吉
7149	大吉

7150	半吉
7151	大吉
7152	凶
7153	大吉
7154	半吉
7155	大吉
7156	末吉
7157	半吉
7158	凶
7159	半吉
7160	大吉
7161	半吉
7162	末吉
7163	半吉
7164	小吉
7165	小吉
7166	末吉
7167	半吉
7168	凶
7169	大吉
7170	凶
7171	半吉
7172	末吉
7173	大吉
7174	半吉
7175	大吉
7176	凶
7177	大吉
7178	半吉
7179	大吉
7180	末吉
7181	半吉
7182	凶
7183	半吉
7184	大吉
7185	半吉
7186	末吉
7187	半吉
7188	小吉
7189	小吉
7190	末吉
7191	半吉
7192	凶
7193	大吉
7194	凶
7195	半吉
7196	末吉
7197	大吉
7198	半吉
7199	大吉

7200	大吉
7201	小吉
7202	小吉
7203	大吉
7204	大吉
7205	末吉
7206	凶
7207	凶
7208	大吉
7209	凶
7210	半吉
7211	半吉
7212	凶
7213	凶
7214	半吉
7215	大吉
7216	凶
7217	凶
7218	半吉
7219	小吉
7220	半吉
7221	大吉
7222	末吉
7223	半吉
7224	末吉
7225	小吉
7226	小吉
7227	大吉
7228	大吉
7229	末吉
7230	凶
7231	凶
7232	大吉
7233	凶
7234	半吉
7235	半吉
7236	凶
7237	凶
7238	半吉
7239	大吉
7240	凶
7241	凶
7242	半吉
7243	小吉
7244	半吉
7245	大吉
7246	末吉
7247	半吉
7248	末吉
7249	小吉

7250	小吉
7251	大吉
7252	大吉
7253	末吉
7254	凶
7255	凶
7256	大吉
7257	凶
7258	半吉
7259	半吉
7260	凶
7261	凶
7262	半吉
7263	大吉
7264	凶
7265	凶
7266	半吉
7267	小吉
7268	半吉
7269	大吉
7270	末吉
7271	半吉
7272	末吉
7273	小吉
7274	小吉
7275	大吉
7276	大吉
7277	末吉
7278	凶
7279	凶
7280	大吉
7281	凶
7282	半吉
7283	半吉
7284	凶
7285	凶
7286	半吉
7287	大吉
7288	凶
7289	凶
7290	半吉
7291	小吉
7292	半吉
7293	大吉
7294	末吉
7295	半吉
7296	末吉
7297	小吉
7298	小吉
7299	大吉

7300	末吉
7301	大吉
7302	末吉
7303	大吉
7304	末吉
7305	小吉
7306	小吉
7307	半吉
7308	凶
7309	半吉
7310	凶
7311	大吉
7312	凶
7313	小吉
7314	小吉
7315	末吉
7316	大吉
7317	凶
7318	末吉
7319	小吉
7320	末吉
7321	半吉
7322	半吉
7323	大吉
7324	小吉
7325	大吉
7326	末吉
7327	大吉
7328	末吉
7329	小吉
7330	小吉
7331	半吉
7332	凶
7333	半吉
7334	凶
7335	大吉
7336	凶
7337	小吉
7338	小吉
7339	末吉
7340	大吉
7341	凶
7342	末吉
7343	小吉
7344	末吉
7345	半吉
7346	半吉
7347	大吉
7348	小吉
7349	大吉

7350	末吉
7351	大吉
7352	末吉
7353	小吉
7354	小吉
7355	半吉
7356	凶
7357	半吉
7358	凶
7359	大吉
7360	凶
7361	小吉
7362	小吉
7363	末吉
7364	大吉
7365	凶
7366	末吉
7367	小吉
7368	末吉
7369	半吉
7370	半吉
7371	大吉
7372	小吉
7373	大吉
7374	末吉
7375	大吉
7376	末吉
7377	小吉
7378	小吉
7379	半吉
7380	凶
7381	半吉
7382	凶
7383	大吉
7384	凶
7385	小吉
7386	小吉
7387	末吉
7388	大吉
7389	凶
7390	末吉
7391	小吉
7392	末吉
7393	半吉
7394	半吉
7395	大吉
7396	小吉
7397	大吉
7398	末吉
7399	大吉

7400	半吉
7401	凶
7402	凶
7403	末吉
7404	半吉
7405	小吉
7406	凶
7407	半吉
7408	大吉
7409	半吉
7410	凶
7411	末吉
7412	末吉
7413	半吉
7414	大吉
7415	半吉
7416	小吉
7417	小吉
7418	大吉
7419	凶
7420	半吉
7421	大吉
7422	凶
7423	末吉
7424	大吉
7425	凶
7426	凶
7427	末吉
7428	半吉
7429	小吉
7430	凶
7431	半吉
7432	大吉
7433	半吉
7434	凶
7435	末吉
7436	末吉
7437	半吉
7438	大吉
7439	半吉
7440	小吉
7441	小吉
7442	大吉
7443	凶
7444	半吉
7445	大吉
7446	凶
7447	末吉
7448	大吉
7449	凶

7450	凶
7451	末吉
7452	半吉
7453	小吉
7454	凶
7455	半吉
7456	大吉
7457	半吉
7458	凶
7459	末吉
7460	末吉
7461	半吉
7462	大吉
7463	半吉
7464	小吉
7465	小吉
7466	大吉
7467	凶
7468	半吉
7469	大吉
7470	凶
7471	末吉
7472	大吉
7473	凶
7474	凶
7475	末吉
7476	半吉
7477	小吉
7478	凶
7479	半吉
7480	大吉
7481	半吉
7482	凶
7483	末吉
7484	末吉
7485	半吉
7486	大吉
7487	半吉
7488	小吉
7489	小吉
7490	大吉
7491	凶
7492	半吉
7493	大吉
7494	凶
7495	末吉
7496	大吉
7497	凶
7498	凶
7499	末吉

7500	小吉
7501	末吉
7502	小吉
7503	小吉
7504	小吉
7505	末吉
7506	末吉
7507	小吉
7508	凶
7509	小吉
7510	末吉
7511	大吉
7512	凶
7513	大吉
7514	大吉
7515	大吉
7516	半吉
7517	大吉
7518	半吉
7519	凶
7520	末吉
7521	小吉
7522	大吉
7523	大吉
7524	小吉
7525	末吉
7526	小吉
7527	小吉
7528	小吉
7529	末吉
7530	末吉
7531	小吉
7532	凶
7533	小吉
7534	末吉
7535	大吉
7536	凶
7537	大吉
7538	大吉
7539	大吉
7540	半吉
7541	大吉
7542	半吉
7543	凶
7544	末吉
7545	小吉
7546	大吉
7547	大吉
7548	小吉
7549	末吉

7550	小吉
7551	小吉
7552	小吉
7553	末吉
7554	末吉
7555	小吉
7556	凶
7557	小吉
7558	末吉
7559	大吉
7560	凶
7561	大吉
7562	大吉
7563	大吉
7564	半吉
7565	大吉
7566	半吉
7567	凶
7568	末吉
7569	小吉
7570	大吉
7571	大吉
7572	小吉
7573	末吉
7574	小吉
7575	小吉
7576	小吉
7577	末吉
7578	末吉
7579	小吉
7580	凶
7581	小吉
7582	末吉
7583	大吉
7584	凶
7585	大吉
7586	大吉
7587	大吉
7588	半吉
7589	大吉
7590	半吉
7591	凶
7592	末吉
7593	小吉
7594	大吉
7595	大吉
7596	小吉
7597	末吉
7598	小吉
7599	小吉

7600	凶
7601	大吉
7602	大吉
7603	小吉
7604	凶
7605	凶
7606	大吉
7607	末吉
7608	凶
7609	大吉
7610	末吉
7611	小吉
7612	小吉
7613	大吉
7614	凶
7615	凶
7616	小吉
7617	凶
7618	末吉
7619	凶
7620	末吉
7621	小吉
7622	小吉
7623	凶
7624	小吉
7625	大吉
7626	大吉
7627	小吉
7628	凶
7629	凶
7630	大吉
7631	末吉
7632	凶
7633	大吉
7634	末吉
7635	小吉
7636	小吉
7637	大吉
7638	凶
7639	凶
7640	小吉
7641	凶
7642	末吉
7643	凶
7644	末吉
7645	小吉
7646	小吉
7647	凶
7648	小吉
7649	大吉

7650	大吉
7651	小吉
7652	凶
7653	凶
7654	大吉
7655	末吉
7656	凶
7657	大吉
7658	末吉
7659	小吉
7660	小吉
7661	大吉
7662	凶
7663	凶
7664	小吉
7665	凶
7666	末吉
7667	凶
7668	末吉
7669	小吉
7670	小吉
7671	凶
7672	小吉
7673	大吉
7674	大吉
7675	小吉
7676	凶
7677	凶
7678	大吉
7679	末吉
7680	凶
7681	大吉
7682	末吉
7683	小吉
7684	小吉
7685	大吉
7686	凶
7687	凶
7688	小吉
7689	凶
7690	末吉
7691	凶
7692	末吉
7693	小吉
7694	小吉
7695	凶
7696	小吉
7697	大吉
7698	大吉
7699	小吉

7700	凶
7701	凶
7702	半吉
7703	大吉
7704	凶
7705	大吉
7706	小吉
7707	小吉
7708	大吉
7709	末吉
7710	凶
7711	末吉
7712	凶
7713	凶
7714	半吉
7715	小吉
7716	小吉
7717	凶
7718	半吉
7719	大吉
7720	凶
7721	凶
7722	凶
7723	半吉
7724	大吉
7725	凶
7726	半吉
7727	大吉
7728	凶
7729	大吉
7730	小吉
7731	小吉
7732	大吉
7733	末吉
7734	凶
7735	末吉
7736	凶
7737	凶
7738	半吉
7739	小吉
7740	小吉
7741	凶
7742	半吉
7743	大吉
7744	凶
7745	凶
7746	凶
7747	半吉
7748	大吉
7749	凶

7950	凶	7900	大吉	7850	小吉	7800	大吉	7750	半吉
7951	半吉	7901	半吉	7851	末吉	7801	小吉	7751	大吉
7952	大吉	7902	凶	7852	大吉	7802	小吉	7752	凶
7953	半吉	7903	半吉	7853	半吉	7803	末吉	7753	大吉
7954	末吉	7904	大吉	7854	凶	7804	大吉	7754	小吉
7955	半吉	7905	半吉	7855	末吉	7805	半吉	7755	小吉
7956	小吉	7906	末吉	7856	大吉	7806	凶	7756	大吉
7957	小吉	7907	半吉	7857	小吉	7807	末吉	7757	末吉
7958	末吉	7908	小吉	7858	小吉	7808	大吉	7758	凶
7959	半吉	7909	小吉	7859	大吉	7809	小吉	7759	末吉
7960	凶	7910	末吉	7860	小吉	7810	小吉	7760	凶
7961	大吉	7911	半吉	7861	大吉	7811	大吉	7761	凶
7962	凶	7912	凶	7862	末吉	7812	小吉	7762	半吉
7963	半吉	7913	大吉	7863	凶	7813	大吉	7763	小吉
7964	末吉	7914	凶	7864	末吉	7814	末吉	7764	小吉
7965	大吉	7915	半吉	7865	大吉	7815	凶	7765	凶
7966	半吉	7916	末吉	7866	凶	7816	末吉	7766	半吉
7967	大吉	7917	大吉	7867	半吉	7817	大吉	7767	大吉
7968	凶	7918	半吉	7868	大吉	7818	凶	7768	凶
7969	大吉	7919	大吉	7869	半吉	7819	半吉	7769	凶
7970	半吉	7920	凶	7870	大吉	7820	大吉	7770	凶
7971	大吉	7921	大吉	7871	凶	7821	半吉	7771	半吉
7972	末吉	7922	半吉	7872	大吉	7822	大吉	7772	大吉
7973	半吉	7923	大吉	7873	小吉	7823	凶	7773	凶
7974	凶	7924	末吉	7874	小吉	7824	大吉	7774	半吉
7975	半吉	7925	半吉	7875	末吉	7825	小吉	7775	大吉
7976	大吉	7926	凶	7876	大吉	7826	小吉	7776	凶
7977	半吉	7927	半吉	7877	半吉	7827	末吉	7777	大吉
7978	末吉	7928	大吉	7878	凶	7828	大吉	7778	小吉
7979	半吉	7929	半吉	7879	末吉	7829	半吉	7779	小吉
7980	小吉	7930	末吉	7880	大吉	7830	凶	7780	大吉
7981	小吉	7931	半吉	7881	小吉	7831	末吉	7781	末吉
7982	末吉	7932	小吉	7882	小吉	7832	大吉	7782	凶
7983	半吉	7933	小吉	7883	大吉	7833	小吉	7783	末吉
7984	凶	7934	末吉	7884	小吉	7834	小吉	7784	凶
7985	大吉	7935	半吉	7885	大吉	7835	大吉	7785	凶
7986	凶	7936	凶	7886	末吉	7836	小吉	7786	半吉
7987	半吉	7937	大吉	7887	凶	7837	大吉	7787	小吉
7988	末吉	7938	凶	7888	末吉	7838	末吉	7788	小吉
7989	大吉	7939	半吉	7889	大吉	7839	凶	7789	凶
7990	半吉	7940	末吉	7890	凶	7840	末吉	7790	半吉
7991	大吉	7941	大吉	7891	半吉	7841	大吉	7791	大吉
7992	凶	7942	半吉	7892	大吉	7842	凶	7792	凶
7993	大吉	7943	大吉	7893	半吉	7843	半吉	7793	凶
7994	半吉	7944	凶	7894	大吉	7844	大吉	7794	凶
7995	大吉	7945	大吉	7895	凶	7845	半吉	7795	半吉
7996	末吉	7946	半吉	7896	大吉	7846	大吉	7796	大吉
7997	半吉	7947	大吉	7897	小吉	7847	凶	7797	凶
7998	凶	7948	末吉	7898	小吉	7848	大吉	7798	半吉
7999	半吉	7949	半吉	7899	末吉	7849	小吉	7799	大吉

8000 ~ 8249

8000	凶
8001	凶
8002	半吉
8003	半吉
8004	凶
8005	凶
8006	半吉
8007	大吉
8008	凶
8009	凶
8010	半吉
8011	小吉
8012	半吉
8013	大吉
8014	末吉
8015	半吉
8016	末吉
8017	小吉
8018	小吉
8019	大吉
8020	大吉
8021	末吉
8022	凶
8023	凶
8024	大吉
8025	凶
8026	半吉
8027	半吉
8028	凶
8029	凶
8030	半吉
8031	大吉
8032	凶
8033	凶
8034	半吉
8035	小吉
8036	半吉
8037	大吉
8038	末吉
8039	半吉
8040	末吉
8041	小吉
8042	小吉
8043	大吉
8044	大吉
8045	末吉
8046	凶
8047	凶
8048	大吉
8049	凶
8050	半吉
8051	半吉
8052	凶
8053	凶
8054	半吉
8055	大吉
8056	凶
8057	凶
8058	半吉
8059	小吉
8060	半吉
8061	大吉
8062	末吉
8063	半吉
8064	末吉
8065	小吉
8066	小吉
8067	大吉
8068	大吉
8069	末吉
8070	凶
8071	凶
8072	大吉
8073	凶
8074	半吉
8075	半吉
8076	凶
8077	凶
8078	半吉
8079	大吉
8080	凶
8081	凶
8082	半吉
8083	小吉
8084	半吉
8085	大吉
8086	末吉
8087	半吉
8088	末吉
8089	小吉
8090	小吉
8091	大吉
8092	大吉
8093	末吉
8094	凶
8095	凶
8096	大吉
8097	凶
8098	半吉
8099	半吉
8100	凶
8101	半吉
8102	凶
8103	大吉
8104	凶
8105	小吉
8106	小吉
8107	末吉
8108	大吉
8109	凶
8110	末吉
8111	小吉
8112	末吉
8113	半吉
8114	半吉
8115	大吉
8116	小吉
8117	大吉
8118	末吉
8119	大吉
8120	末吉
8121	小吉
8122	小吉
8123	半吉
8124	凶
8125	半吉
8126	凶
8127	大吉
8128	凶
8129	小吉
8130	小吉
8131	末吉
8132	大吉
8133	凶
8134	末吉
8135	小吉
8136	末吉
8137	半吉
8138	半吉
8139	大吉
8140	小吉
8141	大吉
8142	末吉
8143	大吉
8144	末吉
8145	小吉
8146	小吉
8147	半吉
8148	凶
8149	半吉
8150	凶
8151	大吉
8152	凶
8153	小吉
8154	小吉
8155	末吉
8156	大吉
8157	凶
8158	末吉
8159	小吉
8160	末吉
8161	半吉
8162	半吉
8163	大吉
8164	小吉
8165	大吉
8166	末吉
8167	大吉
8168	末吉
8169	小吉
8170	小吉
8171	半吉
8172	凶
8173	半吉
8174	凶
8175	大吉
8176	凶
8177	小吉
8178	小吉
8179	末吉
8180	大吉
8181	凶
8182	末吉
8183	小吉
8184	末吉
8185	半吉
8186	半吉
8187	大吉
8188	小吉
8189	大吉
8190	末吉
8191	大吉
8192	末吉
8193	小吉
8194	小吉
8195	半吉
8196	凶
8197	半吉
8198	凶
8199	大吉
8200	末吉
8201	半吉
8202	凶
8203	末吉
8204	末吉
8205	半吉
8206	大吉
8207	半吉
8208	小吉
8209	小吉
8210	大吉
8211	凶
8212	半吉
8213	大吉
8214	凶
8215	末吉
8216	大吉
8217	凶
8218	凶
8219	末吉
8220	半吉
8221	小吉
8222	凶
8223	半吉
8224	大吉
8225	半吉
8226	凶
8227	末吉
8228	末吉
8229	半吉
8230	大吉
8231	半吉
8232	小吉
8233	小吉
8234	大吉
8235	凶
8236	半吉
8237	大吉
8238	凶
8239	末吉
8240	大吉
8241	凶
8242	凶
8243	末吉
8244	半吉
8245	小吉
8246	凶
8247	半吉
8248	大吉
8249	半吉

8250	凶
8251	末吉
8252	末吉
8253	半吉
8254	大吉
8255	半吉
8256	小吉
8257	小吉
8258	大吉
8259	凶
8260	半吉
8261	大吉
8262	凶
8263	末吉
8264	大吉
8265	凶
8266	凶
8267	末吉
8268	半吉
8269	小吉
8270	凶
8271	半吉
8272	大吉
8273	半吉
8274	凶
8275	末吉
8276	末吉
8277	半吉
8278	大吉
8279	半吉
8280	小吉
8281	小吉
8282	大吉
8283	凶
8284	半吉
8285	大吉
8286	凶
8287	末吉
8288	大吉
8289	凶
8290	凶
8291	末吉
8292	半吉
8293	小吉
8294	凶
8295	半吉
8296	大吉
8297	半吉
8298	凶
8299	末吉

8300	凶
8301	小吉
8302	末吉
8303	大吉
8304	凶
8305	大吉
8306	大吉
8307	大吉
8308	半吉
8309	大吉
8310	半吉
8311	凶
8312	末吉
8313	小吉
8314	大吉
8315	大吉
8316	小吉
8317	末吉
8318	小吉
8319	小吉
8320	小吉
8321	末吉
8322	末吉
8323	小吉
8324	凶
8325	小吉
8326	末吉
8327	大吉
8328	凶
8329	大吉
8330	大吉
8331	大吉
8332	半吉
8333	大吉
8334	半吉
8335	凶
8336	末吉
8337	小吉
8338	大吉
8339	大吉
8340	小吉
8341	末吉
8342	小吉
8343	小吉
8344	小吉
8345	末吉
8346	末吉
8347	小吉
8348	凶
8349	小吉

8350	末吉
8351	大吉
8352	凶
8353	大吉
8354	大吉
8355	大吉
8356	半吉
8357	大吉
8358	半吉
8359	凶
8360	末吉
8361	小吉
8362	大吉
8363	大吉
8364	小吉
8365	末吉
8366	小吉
8367	小吉
8368	小吉
8369	末吉
8370	末吉
8371	小吉
8372	凶
8373	小吉
8374	末吉
8375	大吉
8376	凶
8377	大吉
8378	大吉
8379	大吉
8380	半吉
8381	大吉
8382	半吉
8383	凶
8384	末吉
8385	小吉
8386	大吉
8387	大吉
8388	小吉
8389	末吉
8390	小吉
8391	小吉
8392	小吉
8393	末吉
8394	末吉
8395	小吉
8396	凶
8397	小吉
8398	末吉
8399	大吉

8400	小吉
8401	大吉
8402	末吉
8403	小吉
8404	小吉
8405	大吉
8406	凶
8407	凶
8408	小吉
8409	凶
8410	末吉
8411	凶
8412	末吉
8413	小吉
8414	小吉
8415	凶
8416	小吉
8417	大吉
8418	大吉
8419	小吉
8420	凶
8421	凶
8422	大吉
8423	末吉
8424	凶
8425	大吉
8426	末吉
8427	小吉
8428	小吉
8429	大吉
8430	凶
8431	凶
8432	小吉
8433	凶
8434	末吉
8435	凶
8436	末吉
8437	小吉
8438	小吉
8439	凶
8440	小吉
8441	大吉
8442	大吉
8443	小吉
8444	凶
8445	凶
8446	大吉
8447	末吉
8448	凶
8449	大吉

8450	末吉
8451	小吉
8452	小吉
8453	大吉
8454	凶
8455	凶
8456	小吉
8457	凶
8458	末吉
8459	凶
8460	末吉
8461	小吉
8462	小吉
8463	凶
8464	小吉
8465	大吉
8466	大吉
8467	小吉
8468	凶
8469	凶
8470	大吉
8471	末吉
8472	凶
8473	大吉
8474	末吉
8475	小吉
8476	小吉
8477	大吉
8478	凶
8479	凶
8480	小吉
8481	凶
8482	末吉
8483	凶
8484	末吉
8485	小吉
8486	小吉
8487	凶
8488	小吉
8489	大吉
8490	大吉
8491	小吉
8492	凶
8493	凶
8494	大吉
8495	末吉
8496	凶
8497	大吉
8498	末吉
8499	小吉

8500	凶
8501	末吉
8502	凶
8503	末吉
8504	凶
8505	凶
8506	半吉
8507	小吉
8508	小吉
8509	凶
8510	半吉
8511	大吉
8512	凶
8513	凶
8514	凶
8515	半吉
8516	大吉
8517	凶
8518	半吉
8519	大吉
8520	凶
8521	大吉
8522	小吉
8523	小吉
8524	大吉
8525	末吉
8526	凶
8527	末吉
8528	凶
8529	凶
8530	半吉
8531	小吉
8532	小吉
8533	凶
8534	半吉
8535	大吉
8536	凶
8537	凶
8538	凶
8539	半吉
8540	大吉
8541	凶
8542	半吉
8543	大吉
8544	凶
8545	大吉
8546	小吉
8547	小吉
8548	大吉
8549	末吉

8550	凶
8551	末吉
8552	凶
8553	凶
8554	半吉
8555	小吉
8556	小吉
8557	凶
8558	半吉
8559	大吉
8560	凶
8561	凶
8562	凶
8563	半吉
8564	大吉
8565	凶
8566	半吉
8567	大吉
8568	凶
8569	大吉
8570	小吉
8571	小吉
8572	大吉
8573	末吉
8574	凶
8575	末吉
8576	凶
8577	凶
8578	半吉
8579	小吉
8580	小吉
8581	凶
8582	半吉
8583	大吉
8584	凶
8585	凶
8586	凶
8587	半吉
8588	大吉
8589	凶
8590	半吉
8591	大吉
8592	凶
8593	大吉
8594	小吉
8595	小吉
8596	大吉
8597	末吉
8598	凶
8599	末吉

8600	小吉
8601	小吉
8602	小吉
8603	大吉
8604	小吉
8605	大吉
8606	末吉
8607	凶
8608	末吉
8609	大吉
8610	凶
8611	半吉
8612	大吉
8613	半吉
8614	大吉
8615	凶
8616	大吉
8617	小吉
8618	小吉
8619	末吉
8620	大吉
8621	半吉
8622	凶
8623	末吉
8624	大吉
8625	小吉
8626	小吉
8627	大吉
8628	小吉
8629	大吉
8630	末吉
8631	凶
8632	末吉
8633	大吉
8634	凶
8635	半吉
8636	大吉
8637	半吉
8638	大吉
8639	凶
8640	大吉
8641	小吉
8642	小吉
8643	末吉
8644	大吉
8645	半吉
8646	凶
8647	末吉
8648	大吉
8649	小吉

8650	小吉
8651	大吉
8652	小吉
8653	大吉
8654	末吉
8655	凶
8656	末吉
8657	大吉
8658	凶
8659	半吉
8660	大吉
8661	半吉
8662	大吉
8663	凶
8664	大吉
8665	小吉
8666	小吉
8667	末吉
8668	大吉
8669	半吉
8670	凶
8671	末吉
8672	大吉
8673	小吉
8674	小吉
8675	大吉
8676	小吉
8677	大吉
8678	末吉
8679	凶
8680	末吉
8681	大吉
8682	凶
8683	半吉
8684	大吉
8685	半吉
8686	大吉
8687	凶
8688	大吉
8689	小吉
8690	小吉
8691	末吉
8692	大吉
8693	半吉
8694	凶
8695	末吉
8696	大吉
8697	小吉
8698	小吉
8699	大吉

8700	凶
8701	小吉
8702	末吉
8703	半吉
8704	凶
8705	大吉
8706	凶
8707	半吉
8708	末吉
8709	大吉
8710	半吉
8711	大吉
8712	凶
8713	大吉
8714	半吉
8715	大吉
8716	末吉
8717	半吉
8718	凶
8719	半吉
8720	大吉
8721	半吉
8722	末吉
8723	半吉
8724	小吉
8725	小吉
8726	末吉
8727	半吉
8728	凶
8729	大吉
8730	凶
8731	半吉
8732	末吉
8733	大吉
8734	半吉
8735	大吉
8736	凶
8737	大吉
8738	半吉
8739	大吉
8740	末吉
8741	半吉
8742	凶
8743	半吉
8744	大吉
8745	半吉
8746	末吉
8747	半吉
8748	小吉
8749	小吉

8750	末吉
8751	半吉
8752	凶
8753	大吉
8754	凶
8755	半吉
8756	末吉
8757	大吉
8758	半吉
8759	大吉
8760	凶
8761	大吉
8762	半吉
8763	大吉
8764	末吉
8765	半吉
8766	凶
8767	半吉
8768	大吉
8769	半吉
8770	末吉
8771	半吉
8772	小吉
8773	小吉
8774	末吉
8775	半吉
8776	凶
8777	大吉
8778	凶
8779	半吉
8780	末吉
8781	大吉
8782	半吉
8783	大吉
8784	凶
8785	大吉
8786	半吉
8787	大吉
8788	末吉
8789	半吉
8790	凶
8791	半吉
8792	大吉
8793	半吉
8794	末吉
8795	半吉
8796	小吉
8797	小吉
8798	末吉
8799	半吉

8800	半吉
8801	凶
8802	半吉
8803	小吉
8804	半吉
8805	大吉
8806	末吉
8807	半吉
8808	末吉
8809	小吉
8810	小吉
8811	大吉
8812	大吉
8813	末吉
8814	凶
8815	凶
8816	大吉
8817	凶
8818	半吉
8819	半吉
8820	凶
8821	凶
8822	半吉
8823	大吉
8824	凶
8825	凶
8826	半吉
8827	小吉
8828	半吉
8829	大吉
8830	末吉
8831	半吉
8832	末吉
8833	小吉
8834	小吉
8835	大吉
8836	大吉
8837	末吉
8838	凶
8839	凶
8840	大吉
8841	凶
8842	半吉
8843	半吉
8844	凶
8845	凶
8846	半吉
8847	大吉
8848	凶
8849	凶

8850	半吉
8851	小吉
8852	半吉
8853	大吉
8854	末吉
8855	半吉
8856	末吉
8857	小吉
8858	小吉
8859	大吉
8860	大吉
8861	末吉
8862	凶
8863	凶
8864	大吉
8865	凶
8866	半吉
8867	半吉
8868	凶
8869	凶
8870	半吉
8871	大吉
8872	凶
8873	凶
8874	半吉
8875	小吉
8876	半吉
8877	大吉
8878	末吉
8879	半吉
8880	末吉
8881	小吉
8882	小吉
8883	大吉
8884	大吉
8885	末吉
8886	凶
8887	凶
8888	大吉
8889	凶
8890	半吉
8891	半吉
8892	凶
8893	凶
8894	半吉
8895	大吉
8896	凶
8897	凶
8898	半吉
8899	小吉

8900	末吉
8901	凶
8902	末吉
8903	小吉
8904	末吉
8905	半吉
8906	半吉
8907	大吉
8908	小吉
8909	大吉
8910	末吉
8911	大吉
8912	末吉
8913	小吉
8914	小吉
8915	半吉
8916	凶
8917	半吉
8918	凶
8919	大吉
8920	凶
8921	小吉
8922	小吉
8923	末吉
8924	大吉
8925	凶
8926	末吉
8927	小吉
8928	末吉
8929	半吉
8930	半吉
8931	大吉
8932	小吉
8933	大吉
8934	末吉
8935	大吉
8936	末吉
8937	小吉
8938	小吉
8939	半吉
8940	凶
8941	半吉
8942	凶
8943	大吉
8944	凶
8945	小吉
8946	小吉
8947	末吉
8948	大吉
8949	凶

8950	末吉
8951	小吉
8952	末吉
8953	半吉
8954	半吉
8955	大吉
8956	小吉
8957	大吉
8958	末吉
8959	大吉
8960	末吉
8961	小吉
8962	小吉
8963	半吉
8964	凶
8965	半吉
8966	凶
8967	大吉
8968	凶
8969	小吉
8970	小吉
8971	末吉
8972	大吉
8973	凶
8974	末吉
8975	小吉
8976	末吉
8977	半吉
8978	半吉
8979	大吉
8980	小吉
8981	大吉
8982	末吉
8983	大吉
8984	末吉
8985	小吉
8986	小吉
8987	半吉
8988	凶
8989	半吉
8990	凶
8991	大吉
8992	凶
8993	小吉
8994	小吉
8995	末吉
8996	大吉
8997	凶
8998	末吉
8999	小吉

9200	末吉	9150	半吉	9100	末吉	9050	大吉	9000	半吉
9201	凶	9151	凶	9101	大吉	9051	凶	9001	小吉
9202	末吉	9152	末吉	9102	半吉	9052	半吉	9002	大吉
9203	凶	9153	小吉	9103	凶	9053	大吉	9003	凶
9204	末吉	9154	大吉	9104	末吉	9054	凶	9004	半吉
9205	小吉	9155	大吉	9105	小吉	9055	末吉	9005	大吉
9206	小吉	9156	小吉	9106	大吉	9056	大吉	9006	凶
9207	凶	9157	末吉	9107	大吉	9057	凶	9007	末吉
9208	小吉	9158	小吉	9108	小吉	9058	凶	9008	大吉
9209	大吉	9159	小吉	9109	末吉	9059	末吉	9009	凶
9210	大吉	9160	小吉	9110	小吉	9060	半吉	9010	凶
9211	小吉	9161	末吉	9111	小吉	9061	小吉	9011	末吉
9212	凶	9162	末吉	9112	小吉	9062	凶	9012	半吉
9213	凶	9163	小吉	9113	末吉	9063	半吉	9013	小吉
9214	大吉	9164	凶	9114	末吉	9064	大吉	9014	凶
9215	末吉	9165	小吉	9115	小吉	9065	半吉	9015	半吉
9216	凶	9166	末吉	9116	凶	9066	凶	9016	大吉
9217	大吉	9167	大吉	9117	小吉	9067	末吉	9017	半吉
9218	末吉	9168	凶	9118	末吉	9068	末吉	9018	凶
9219	小吉	9169	大吉	9119	大吉	9069	半吉	9019	末吉
9220	小吉	9170	大吉	9120	凶	9070	大吉	9020	末吉
9221	大吉	9171	大吉	9121	大吉	9071	半吉	9021	半吉
9222	凶	9172	半吉	9122	大吉	9072	小吉	9022	大吉
9223	凶	9173	大吉	9123	大吉	9073	小吉	9023	半吉
9224	小吉	9174	半吉	9124	半吉	9074	大吉	9024	小吉
9225	凶	9175	凶	9125	大吉	9075	凶	9025	小吉
9226	末吉	9176	末吉	9126	半吉	9076	半吉	9026	大吉
9227	凶	9177	小吉	9127	凶	9077	大吉	9027	凶
9228	末吉	9178	大吉	9128	末吉	9078	凶	9028	半吉
9229	小吉	9179	大吉	9129	小吉	9079	末吉	9029	大吉
9230	小吉	9180	小吉	9130	大吉	9080	大吉	9030	凶
9231	凶	9181	末吉	9131	大吉	9081	凶	9031	末吉
9232	小吉	9182	小吉	9132	小吉	9082	凶	9032	大吉
9233	大吉	9183	小吉	9133	末吉	9083	末吉	9033	凶
9234	大吉	9184	小吉	9134	小吉	9084	半吉	9034	凶
9235	小吉	9185	末吉	9135	小吉	9085	小吉	9035	末吉
9236	凶	9186	末吉	9136	小吉	9086	凶	9036	半吉
9237	凶	9187	小吉	9137	末吉	9087	半吉	9037	小吉
9238	大吉	9188	凶	9138	末吉	9088	大吉	9038	凶
9239	末吉	9189	小吉	9139	小吉	9089	半吉	9039	半吉
9240	凶	9190	末吉	9140	凶	9090	凶	9040	大吉
9241	大吉	9191	大吉	9141	小吉	9091	末吉	9041	半吉
9242	末吉	9192	凶	9142	末吉	9092	末吉	9042	凶
9243	小吉	9193	大吉	9143	大吉	9093	半吉	9043	末吉
9244	小吉	9194	大吉	9144	凶	9094	大吉	9044	末吉
9245	大吉	9195	大吉	9145	大吉	9095	半吉	9045	半吉
9246	凶	9196	半吉	9146	大吉	9096	小吉	9046	大吉
9247	凶	9197	大吉	9147	大吉	9097	小吉	9047	半吉
9248	小吉	9198	半吉	9148	半吉	9098	大吉	9048	小吉
9249	凶	9199	凶	9149	大吉	9099	凶	9049	小吉

9250	末吉
9251	凶
9252	末吉
9253	小吉
9254	小吉
9255	凶
9256	小吉
9257	大吉
9258	大吉
9259	小吉
9260	凶
9261	凶
9262	大吉
9263	末吉
9264	凶
9265	大吉
9266	末吉
9267	小吉
9268	小吉
9269	大吉
9270	凶
9271	凶
9272	小吉
9273	凶
9274	末吉
9275	凶
9276	末吉
9277	小吉
9278	小吉
9279	凶
9280	小吉
9281	大吉
9282	大吉
9283	小吉
9284	凶
9285	凶
9286	大吉
9287	末吉
9288	凶
9289	大吉
9290	末吉
9291	小吉
9292	小吉
9293	大吉
9294	凶
9295	凶
9296	小吉
9297	凶
9298	末吉
9299	凶

9300	凶
9301	凶
9302	半吉
9303	大吉
9304	凶
9305	凶
9306	凶
9307	半吉
9308	大吉
9309	凶
9310	半吉
9311	大吉
9312	凶
9313	大吉
9314	小吉
9315	小吉
9316	大吉
9317	末吉
9318	凶
9319	末吉
9320	凶
9321	凶
9322	半吉
9323	小吉
9324	小吉
9325	凶
9326	半吉
9327	大吉
9328	凶
9329	凶
9330	凶
9331	半吉
9332	大吉
9333	凶
9334	半吉
9335	大吉
9336	凶
9337	大吉
9338	小吉
9339	小吉
9340	大吉
9341	末吉
9342	凶
9343	末吉
9344	凶
9345	凶
9346	半吉
9347	小吉
9348	小吉
9349	凶

9350	半吉
9351	大吉
9352	凶
9353	凶
9354	凶
9355	半吉
9356	大吉
9357	凶
9358	半吉
9359	大吉
9360	凶
9361	大吉
9362	小吉
9363	小吉
9364	大吉
9365	末吉
9366	凶
9367	末吉
9368	凶
9369	凶
9370	半吉
9371	小吉
9372	小吉
9373	凶
9374	半吉
9375	大吉
9376	凶
9377	凶
9378	凶
9379	半吉
9380	大吉
9381	凶
9382	半吉
9383	大吉
9384	凶
9385	大吉
9386	小吉
9387	小吉
9388	大吉
9389	末吉
9390	凶
9391	末吉
9392	凶
9393	凶
9394	半吉
9395	小吉
9396	小吉
9397	凶
9398	半吉
9399	大吉

9400	大吉
9401	大吉
9402	凶
9403	半吉
9404	大吉
9405	半吉
9406	大吉
9407	凶
9408	大吉
9409	小吉
9410	小吉
9411	末吉
9412	大吉
9413	半吉
9414	凶
9415	末吉
9416	大吉
9417	小吉
9418	小吉
9419	大吉
9420	小吉
9421	大吉
9422	末吉
9423	凶
9424	末吉
9425	大吉
9426	凶
9427	半吉
9428	大吉
9429	半吉
9430	大吉
9431	凶
9432	大吉
9433	小吉
9434	小吉
9435	末吉
9436	大吉
9437	半吉
9438	凶
9439	末吉
9440	大吉
9441	小吉
9442	小吉
9443	大吉
9444	小吉
9445	大吉
9446	末吉
9447	凶
9448	末吉
9449	大吉

9450	凶
9451	半吉
9452	大吉
9453	半吉
9454	大吉
9455	凶
9456	大吉
9457	小吉
9458	小吉
9459	末吉
9460	大吉
9461	半吉
9462	凶
9463	末吉
9464	大吉
9465	小吉
9466	小吉
9467	大吉
9468	小吉
9469	大吉
9470	末吉
9471	凶
9472	末吉
9473	大吉
9474	凶
9475	半吉
9476	大吉
9477	半吉
9478	大吉
9479	凶
9480	大吉
9481	小吉
9482	小吉
9483	末吉
9484	大吉
9485	半吉
9486	凶
9487	末吉
9488	大吉
9489	小吉
9490	小吉
9491	大吉
9492	小吉
9493	大吉
9494	末吉
9495	凶
9496	末吉
9497	大吉
9498	凶
9499	半吉

9700	末吉	9650	小吉	9600	大吉	9550	半吉	9500	凶
9701	大吉	9651	大吉	9601	小吉	9551	大吉	9501	大吉
9702	末吉	9652	大吉	9602	小吉	9552	凶	9502	半吉
9703	大吉	9653	末吉	9603	大吉	9553	大吉	9503	大吉
9704	末吉	9654	凶	9604	大吉	9554	半吉	9504	凶
9705	小吉	9655	凶	9605	末吉	9555	大吉	9505	大吉
9706	小吉	9656	大吉	9606	凶	9556	末吉	9506	半吉
9707	半吉	9657	凶	9607	凶	9557	半吉	9507	大吉
9708	凶	9658	半吉	9608	大吉	9558	凶	9508	末吉
9709	半吉	9659	半吉	9609	凶	9559	半吉	9509	半吉
9710	凶	9660	凶	9610	半吉	9560	大吉	9510	凶
9711	大吉	9661	凶	9611	半吉	9561	半吉	9511	半吉
9712	凶	9662	半吉	9612	凶	9562	末吉	9512	大吉
9713	小吉	9663	大吉	9613	凶	9563	半吉	9513	半吉
9714	小吉	9664	凶	9614	半吉	9564	小吉	9514	末吉
9715	末吉	9665	凶	9615	大吉	9565	小吉	9515	半吉
9716	大吉	9666	半吉	9616	凶	9566	末吉	9516	小吉
9717	凶	9667	小吉	9617	凶	9567	半吉	9517	小吉
9718	末吉	9668	半吉	9618	半吉	9568	凶	9518	末吉
9719	小吉	9669	大吉	9619	小吉	9569	大吉	9519	半吉
9720	末吉	9670	末吉	9620	半吉	9570	凶	9520	凶
9721	半吉	9671	半吉	9621	大吉	9571	半吉	9521	大吉
9722	半吉	9672	末吉	9622	末吉	9572	末吉	9522	凶
9723	大吉	9673	小吉	9623	半吉	9573	大吉	9523	半吉
9724	小吉	9674	小吉	9624	末吉	9574	半吉	9524	末吉
9725	大吉	9675	大吉	9625	小吉	9575	大吉	9525	大吉
9726	末吉	9676	大吉	9626	小吉	9576	凶	9526	半吉
9727	大吉	9677	末吉	9627	大吉	9577	大吉	9527	大吉
9728	末吉	9678	凶	9628	大吉	9578	半吉	9528	凶
9729	小吉	9679	凶	9629	末吉	9579	大吉	9529	大吉
9730	小吉	9680	大吉	9630	凶	9580	末吉	9530	半吉
9731	半吉	9681	凶	9631	凶	9581	半吉	9531	大吉
9732	凶	9682	半吉	9632	大吉	9582	凶	9532	末吉
9733	半吉	9683	半吉	9633	凶	9583	半吉	9533	半吉
9734	凶	9684	凶	9634	半吉	9584	大吉	9534	凶
9735	大吉	9685	凶	9635	半吉	9585	半吉	9535	半吉
9736	凶	9686	半吉	9636	凶	9586	末吉	9536	大吉
9737	小吉	9687	大吉	9637	凶	9587	半吉	9537	半吉
9738	小吉	9688	凶	9638	半吉	9588	小吉	9538	末吉
9739	末吉	9689	凶	9639	大吉	9589	小吉	9539	半吉
9740	大吉	9690	半吉	9640	凶	9590	末吉	9540	小吉
9741	凶	9691	小吉	9641	凶	9591	半吉	9541	小吉
9742	末吉	9692	半吉	9642	半吉	9592	凶	9542	末吉
9743	小吉	9693	大吉	9643	小吉	9593	大吉	9543	半吉
9744	末吉	9694	末吉	9644	半吉	9594	凶	9544	凶
9745	半吉	9695	半吉	9645	大吉	9595	半吉	9545	大吉
9746	半吉	9696	末吉	9646	末吉	9596	末吉	9546	凶
9747	大吉	9697	小吉	9647	半吉	9597	大吉	9547	半吉
9748	小吉	9698	小吉	9648	末吉	9598	半吉	9548	末吉
9749	大吉	9699	大吉	9649	小吉	9599	大吉	9549	大吉

9750	末吉
9751	大吉
9752	末吉
9753	小吉
9754	小吉
9755	半吉
9756	凶
9757	半吉
9758	凶
9759	大吉
9760	凶
9761	小吉
9762	小吉
9763	末吉
9764	大吉
9765	凶
9766	末吉
9767	小吉
9768	末吉
9769	半吉
9770	半吉
9771	大吉
9772	小吉
9773	大吉
9774	末吉
9775	大吉
9776	末吉
9777	小吉
9778	小吉
9779	半吉
9780	凶
9781	半吉
9782	凶
9783	大吉
9784	凶
9785	小吉
9786	小吉
9787	末吉
9788	大吉
9789	凶
9790	末吉
9791	小吉
9792	末吉
9793	半吉
9794	半吉
9795	大吉
9796	小吉
9797	大吉
9798	末吉
9799	大吉

9800	半吉
9801	凶
9802	凶
9803	末吉
9804	半吉
9805	小吉
9806	凶
9807	半吉
9808	大吉
9809	半吉
9810	凶
9811	末吉
9812	末吉
9813	半吉
9814	大吉
9815	半吉
9816	小吉
9817	小吉
9818	大吉
9819	凶
9820	半吉
9821	大吉
9822	凶
9823	末吉
9824	大吉
9825	凶
9826	凶
9827	末吉
9828	半吉
9829	小吉
9830	凶
9831	半吉
9832	大吉
9833	半吉
9834	凶
9835	末吉
9836	末吉
9837	半吉
9838	大吉
9839	半吉
9840	小吉
9841	小吉
9842	大吉
9843	凶
9844	半吉
9845	大吉
9846	凶
9847	末吉
9848	大吉
9849	凶

9850	凶
9851	末吉
9852	半吉
9853	小吉
9854	凶
9855	半吉
9856	大吉
9857	半吉
9858	凶
9859	末吉
9860	末吉
9861	半吉
9862	大吉
9863	半吉
9864	小吉
9865	小吉
9866	大吉
9867	凶
9868	半吉
9869	大吉
9870	凶
9871	末吉
9872	大吉
9873	凶
9874	凶
9875	末吉
9876	半吉
9877	小吉
9878	凶
9879	半吉
9880	大吉
9881	半吉
9882	凶
9883	末吉
9884	末吉
9885	半吉
9886	大吉
9887	半吉
9888	小吉
9889	小吉
9890	大吉
9891	凶
9892	半吉
9893	大吉
9894	凶
9895	末吉
9896	大吉
9897	凶
9898	凶
9899	末吉

9900	小吉
9901	末吉
9902	小吉
9903	小吉
9904	小吉
9905	末吉
9906	末吉
9907	小吉
9908	凶
9909	小吉
9910	末吉
9911	大吉
9912	凶
9913	大吉
9914	大吉
9915	大吉
9916	半吉
9917	大吉
9918	半吉
9919	凶
9920	末吉
9921	小吉
9922	大吉
9923	大吉
9924	小吉
9925	末吉
9926	小吉
9927	小吉
9928	小吉
9929	末吉
9930	末吉
9931	小吉
9932	凶
9933	小吉
9934	末吉
9935	大吉
9936	凶
9937	大吉
9938	大吉
9939	大吉
9940	半吉
9941	大吉
9942	半吉
9943	凶
9944	末吉
9945	小吉
9946	大吉
9947	大吉
9948	小吉
9949	末吉

9950	小吉
9951	小吉
9952	小吉
9953	末吉
9954	末吉
9955	小吉
9956	凶
9957	小吉
9958	末吉
9959	大吉
9960	凶
9961	大吉
9962	大吉
9963	大吉
9964	半吉
9965	大吉
9966	半吉
9967	凶
9968	末吉
9969	小吉
9970	大吉
9971	大吉
9972	小吉
9973	末吉
9974	小吉
9975	小吉
9976	小吉
9977	末吉
9978	末吉
9979	小吉
9980	凶
9981	小吉
9982	末吉
9983	大吉
9984	凶
9985	大吉
9986	大吉
9987	大吉
9988	半吉
9989	大吉
9990	半吉
9991	凶
9992	末吉
9993	小吉
9994	大吉
9995	大吉
9996	小吉
9997	末吉
9998	小吉
9999	小吉

あとがき

「よく当たる」と評判を呼ぶ台湾の姉　玉仙妃の占いの秘密

「台湾の姉　玉仙妃」が得意とする占いのひとつに「神杯占い」があります。神杯占いは、台湾では最もポピュラーな占いの一つで、龍山寺や行天宮など参拝客や観光客が多く集まる場所で目にすることができます。木製の2つの半月型の赤いコマ（杯）を投げて「表・表」「表・裏」「裏・裏」の結果で占うもので、例えば「今年中に結婚できるか」「家族の病気が治るか」「ビジネスが好転するか」など占ってほしいことを念じながらコマを投げます。連続して3回「表・表」が出れば願い事は叶うと言われており、すぐに結果がわかるのが特徴です。

亀の甲羅を使った「亀占い」も結果がすぐにわかる占いで、起源は古代中国の亀卜にさかのぼるといわれています。古銭3枚を両手で握りながら、占ってほしい願い事を念じます。その古銭を玉仙妃が亀の甲羅に入れて振り出し、その裏・表で吉凶を判断するものです。

「台湾式厄払い」は、年齢ごとに決まっている日本の厄払いとは

異なり、好きなときに何回でもでき、開運を願う人に喜ばれています。不幸な事が続いて運気を改善したいときたり、また手軽に願掛けしたいときなどに利用され、時間も10分ほどと短いため、リピーターが多いのも特徴です。

開運向けにはパワーストーン・ブレスレットも人気。お客様の生年月日で鑑定してから、願い事を確認します。玉仙妃がその願いが成就するように念を込めて個別に製作していくオーダーメイドのブレスレットです。

玉仙妃はまさに開運のトータルな請負人ともいえる存在で、「驚くほどよく当たる」「厄払いは神業に近い」と多くの方から支持され、開運を願う人の輪は口コミでどんどん広がっています。

「神杯占い」や「亀占い」で願い事が叶うと出なくても、心配することはありません。玉先生は、どうすれば願い事が叶うようになるのか、運気を自分の方に呼び込むにはどうしたらよいか、適切なアドバイスを送ってくれるのです。

◎どうやって玉仙妃は霊感を身につけているのか

「台湾の姉　玉仙妃」には霊感があります。この霊感を身につけるために、毎日、心を無にして瞑想しているのです。瞑想に至るまでさまざまな邪念が入りますが、時間の経過とともにすべての感覚が失われていきます。いわゆる「無我の境地」です。その段階になると、感覚は逆に鋭く研ぎ澄まされ

てきます。ふだんなら聞こえないものも聞こえるようになり、見えないものも見えて来るようになります。玉先生は、こうして耳に入ってきたもの、目にしたものを頼りに占います。

　人と人とが向かい合い、対峙したとき、お互いに波動が生じ、ぶつかり合います。その波動から、その人の考え方や性格を見ることができるのです。性格がわかってくると、その人の生き様がわかるようになり、人生の道しるべとなる未来を予知することが可能となります。天の神がすべてを指し示

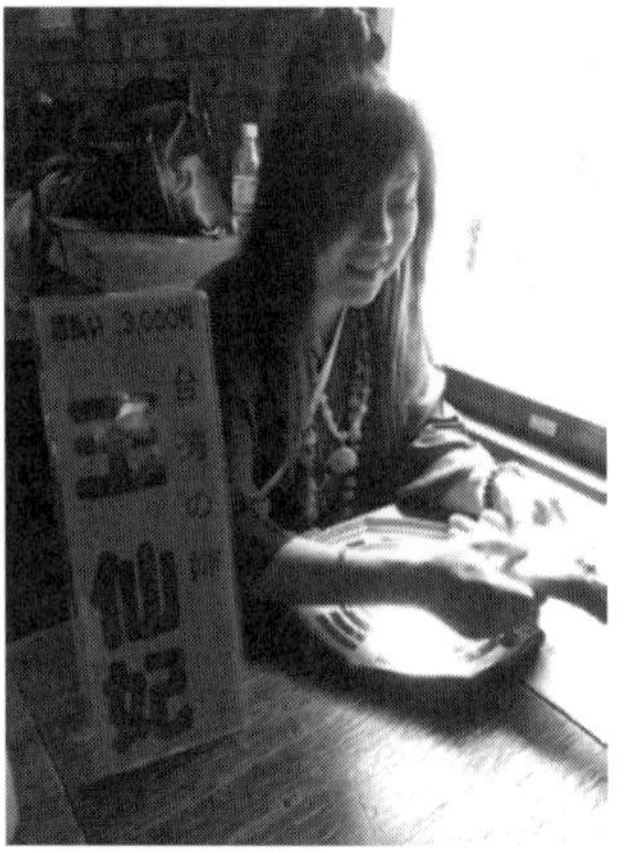

しているのです。玉仙妃の亀占いは、この霊的な現象を実証してくれています。
　私たち人間にとって、幸福とは神とともに生きることが最も重要だとされています。人間は心と体でできています。心と体が分離していては人間ではなくなってしまうのです。どんな人間でも、精神と肉体の現実を持ち合わせています。それが人間なのです。
　心がどこにあるか、残念ながら科学では解明できていません。しかしながら、確かに存在します。心は時空を超え、自由自在に飛んでいくこと――自由でいろいろな発想や考えができるのです。そうかと思えば、骨肉の間に挟まり、身動きがとれなくなること――ちぢこまり、身動きができない精神状態になることもあるのです。
　つまり、心のありようが、私たち人間の運勢と深く関係しているのです。ちぢこまった心をいかに自由に解放してあげられるか、そうすることで運勢は開けていくのです。

プロフィール
台湾の姉　玉仙妃
台湾の高雄生まれ。国立台湾師範大学教授の父親の意志で台湾の大学を卒業後、日本に留学。拓殖大学大学院商学部の修士課程と明星大学大学院教育学部の修士課程修了。アメリカ留学、フランス留学ではタラソテラピーを学んだ。しかも幼少時から馴染んでいた台湾式厄払いと占いを忘れられず、神杯占いと亀占いをスタートさせた。
日本語と北京語のバイリンガルで占えるため、在日中国人のファンも多い。ネット占い１位獲得実績多数、スカイパーフェクト TV や池袋テレビ、dTV に出演。『台湾式 36 干支占い』『この with コロナの悩みに頼れるスペシャリスト』『あなたの悩みの意味を教え運気を拓く 35 人 part2』『mrpartner（ミスター・パートナー）』『mina（ミーナ）』週間 SPA! 除霊記事などの雑誌や書籍といった数多くのメディアで取り上げられ評判を呼んでいる。 TBS テレビ人気番組「王様のブランチ」日本テレビ「スクール革命」にも出演しています。

ホームページアドレス　https://taiwan-ane.jp/
https://2021haku.com/
電話番号　090-4943-3478
メールアドレス　aiwan.ane@gmail.com

台湾の姉 玉仙妃 この１冊であなたの運命がわかる

2023 年 6 月 28 日　第 1 刷発行

著　者――― 玉仙妃
発　行――― 日本橋出版
〒 103-0023　東京都中央区日本橋本町 2-3-15
https://nihonbashi-pub.co.jp/
電話／ 03-6273-2638
発　売――― 星雲社（共同出版社・流通責任出版社）
〒 112-0005　東京都文京区水道 1-3-30
電話／ 03-3868-3275

ISBN 978-4-434-26862-5

住所
氏名
生年月日

祈祷済

住所
氏名
生年月日

祈祷済

住所
氏名
生年月日

祈祷済

住所
氏名
生年月日

祈祷済

㉑

㉒

㉓

㉔

住所
氏名
生年月日

祈祷済

住所
氏名
生年月日

祈祷済

住所
氏名
生年月日

祈祷済

住所
氏名
生年月日

祈祷済

⑰

⑱

⑲

⑳

住所
氏名
生年月日

祈祷済

住所
氏名
生年月日

祈祷済

住所
氏名
生年月日

祈祷済

住所
氏名
生年月日

祈祷済

⑬

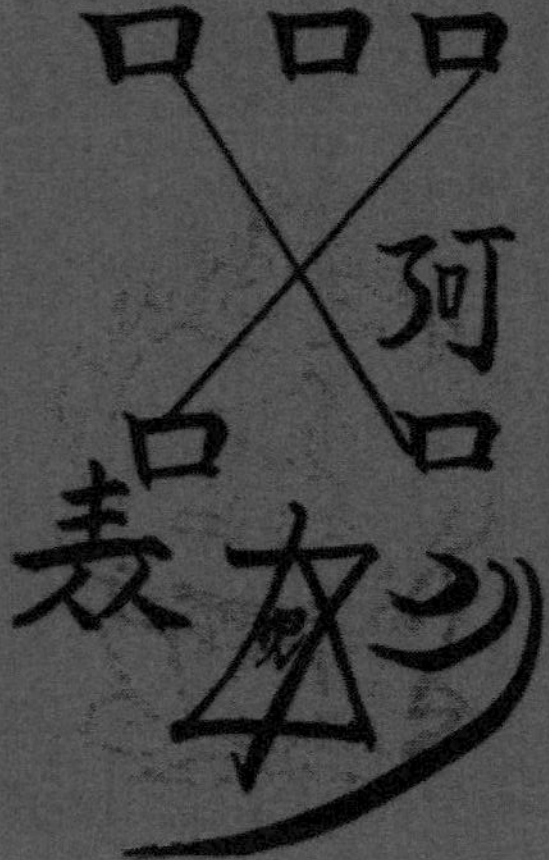

⑭

⑮

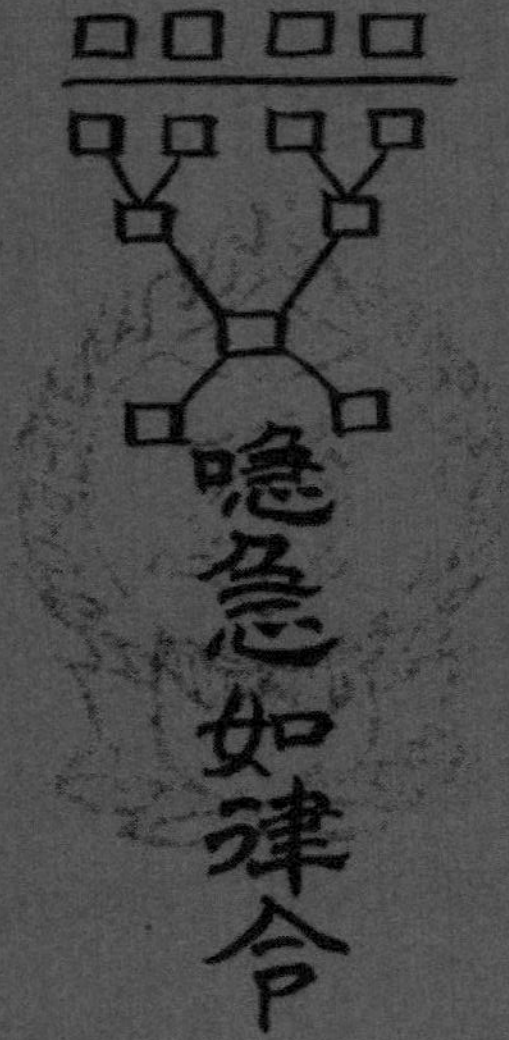

⑯

住所

氏名

生年月日

祈祷済

住所

氏名

生年月日

祈祷済

住所

氏名

生年月日

祈祷済

住所

氏名

生年月日

祈祷済

⑨

⑩

⑪

⑫

この1冊であなたの
運命がわかる

台湾の姉
玉仙妃

はじめに

自らの手で「幸運」をつかみとる

だれでも病気になると、気持ちが弱くなりがちです。病気そのものを理解するのではなく、「わらにもすがる」気持ちでとりとめのないことを信じ込んでしまいます。このとき、優れた名医に出会えれば、適切な処置や薬で病気を治してくれるでしょう。しかし、多くの人は思い込みや盲信といった心の落とし穴にはまり込んでしまうのです。その結果、症状はだんだんひどくなり、心身の収拾がつかなくなってしまうのです。

このようなことは、日常の生活でもよく見かけます。困難に出会ったとき、自分や家族で解決ができないと、つい怪しい占い師や宗教に救いを求めてしまいかねません。その結果、さらに惨めな思いをしたり、お金をだまし取られたりします。お金だけならまだしも、一家が離散して悲惨な結末を迎える例も多くあるのです。また、借金がある人が、その生活から抜け出そうとして、人の弱さを巧みに利用した高利貸しの罠にはまり、さらに借金を重ねてしまい生活に困窮してしまうケースもあります。

新聞やテレビでこれらのニュースに接するにつけ、私、玉仙妃はいつも心の中で怒りや悲しみがこみ上げてくるのを禁じ得ません。このような事態になる前に冷静になり、多くの信頼できる友に相談しアドバイスを聞いていれば、悲惨な結末には至らなかったはずです。しかし、人は往々にして自分の殻に閉じこもり、苦しい現状にマヒしてしまい、冷静な判断を失いがちになります。

自分自身の運命を他人に任せる必要はありません。苦境に陥り迷い込んでいる人たちに、一歩立ち止まって自分を見つめ直してください。現状に流されてしまう前に、もっとよい方法がきっと見つかるはずです。この本を通してみなさんにそのヒントの一端でも伝われば幸いです。

私たちは生涯の中でさまざまな問題や困難に出会います。しかし、これらの難局を簡単に乗り越える人もいれば、どうしていいか迷っている人も多くいます。

自分の運勢を見極めて、挫折から立ち直り、また困難な状況を解決し、対処する能力は生まれつきのものではありません。これらは学んで得られるものです。「台湾の姉　玉仙妃」の知識と経験を、読者のみなさまと分かち合い、一つの指針となることを望んでいます。

本書では多様な解決策を提供しました。高価な法器などは一切必要ありません。日常生活で使用している小さな道具を利用して、理想的な開運の効果をもたらすことができるのです。玉仙妃の願いは、ご縁のあるすべての方々が容易な方法で悪運から抜け出し、新しいチャンスと良運を創造し、人生の大きな喜びを獲得していただくことを願っています。本書の中に、あなたの求めている解答が見つかり、それがあなたの助けになることを望んでいます。

台湾の姉　玉仙妃

「台湾の姉 玉仙妃が導くあなたの開運」目次

第2章 「五行」で幸運をつかむ　31

第3章 風水でわかる！　幸運を呼ぶ家庭、ツキから見放される家庭　45

第4章 干支と三十六生肖、九星でわかる開運法

第1章

あなたも簡単にできる！運気を上げる方法

この章では、運気を上げる方法をいくつか紹介します。「そんなことで運がよくなるわけないさ」と頭から信じないでなにもしない人には、決して運気は上がることはありません。ここでは簡単にできる方法をいくつか紹介しますので、気になったものがあったら、気軽に試してみることです。

もちろん時間はそれほどかかりません。周囲の人に迷惑をかけることもありません。大がかりなものや面倒な手順も不要です。それで運気がアップしたら、こんなにうれしいことはないでしょう。

「不運だ」「運に見放されている」「どうしてツキがないのだろう」などと嘆いているあなた、さあ、いまからすぐに、玉仙妃がお勧めする、超簡単、運気アップに取り組んでみましょう。もちろん、費用は一切かかりません。

1. 易の精神に学ぶ——謙虚であること

いまから約3500年前に完成したといわれる古代中国の哲学書・預言書ともいうべき書物が『易経』です。それには「天道は盈《えい》を欠きて謙に益《ま》し、地道は盈を変じて謙に流き、鬼神は盈を害して謙に福《さいわ》いし、人道は盈を悪《にく》みて謙を好む」とありますが、「盈」とは驕《おご》りたかぶること、「謙」はへりくだることを意味します。易の本質的な意味は「変化」ですが、あらゆる変化に対応するための基本的な姿勢は「謙虚」であることが必要です。

運気のアップには、まず謙虚でなければなりません。傲慢だったり、いばりちらす人には幸運は微笑みかけないのです。

2. 運命の七大原則

①善因善果、悪因悪果（良いことをすれば結果はよくなり、悪いことをすれば結果は悪くなる）。
②是が非でもという願望は達せされない。
③得意は失意の前兆。
④願望は諦めたときにひょっこり達成される。
⑤訪れてきた運命の波には乗るべし。
⑥潔きは悲惨を伴う。
⑦誰が見ても気の毒な状態は運命好転の前兆。

ここに挙げた7つの原則は、ごくごく当たり前のことです。素直に耳を傾けることで、運をつかむことができます。

3. 『易経』の祈願の言葉を唱える

だれでも神さまや仏さまにお願い事をするときに「お祈り」をします。しかし、やみくもにお祈りや願かけの言葉を唱えているだけでは効果が望めません。まず、次の言葉を覚えましょう。

「天より之《これ》を祐《たす》く、吉にして利《よろ》しからざるなし」（天佑神助があって大吉となりますように）この言葉は、『易経』六十四卦のうち第十四卦にあたる「火天大有」の上九の爻辞《こうじ》にあります。

これを毎日、心の中で6回唱え、続いて「商売繁盛」とか「早く結婚できますように」などの願い事を簡潔に唱えます。だれでもどこでも簡単にできる運気を上げる祈願です。これは、宇宙の神さまに対する最高の祈りに通じています。できれば、朝晩に1回ずつお祈りをすると、さらに運気が上がっていくでしょう。

なお、「火天大有」の火天は、天の上に火がさんさんと輝いている状態を、大有は、大いに自分のものにするという意味があります。つまり、あなた自身が天空に輝く太陽になったように晴れやかな瞬間を迎えることができるのです。お金にしても、地位にしても、何事も大いに所有でき、どんな願い事も叶うときです。

しかし、その盛運はあなたの実力だけではなく、天の助けがあってのことと自覚しなければなりません。その謙虚な気持ちを忘れないことが、幸運を長続きさせることにつながるのです。

4．悪霊を追い払うお砂撒き

お清めの砂、お清めの塩で悪霊を払って運気を上げる方法があります。もともとは土地の周りに撒くことで清浄な地になり、田畑に撒けば作物がよく実り、害虫がつかないといった信仰から生まれたもので、地鎮祭などにも使われるようになり、いまでは住まいのまわりに撒くことで罪やけがれを祓い清めて、厄除けに効果があるとされています。

①近くの神社から片手の手のひらに乗る程度の土砂（なるべく人の踏まない場所のものがよい）をいただいてくる。
②土砂を入れてきた袋に同量の塩を入れ、よく振って混ぜ合わせて清める。

③お砂を机の上に置いた白い紙の上に開けたあと、願い事を心を込めて祈願する。
④祈願したお砂を家屋の周囲（塀の内側）にパラパラと撒く。マンションなどの場合は居住区域の四隅に白い紙を敷いてその上に、お砂を盛っておき、1日たったら捨てる。
⑤なお、少量のお砂を残しておいてビニールで包み、それを布などの袋に入れてお守り袋のように携帯するとよい。

5．運気をアップさせる日常生活の工夫

私たち人間はだれにでも、目に見えない「運気」があります。この運気を上手に使うことができる人が、仕事がうまくいったり、お金を儲けたり、自分の望んでいた地位を得ることができるのです。反対に、仕事、恋愛・結婚、健康など何をやってもうまくいかないときがあります。運気が低迷する時期で、気分は落ち込んでしまい、その状態からなかなか抜け出せず、余計に不安になってしまうのです。

「運気」とはなんでしょうか。

運気とは、簡単にいえば、その人の中から現れ出たもので、これまでの生き方や考え方など、各人相応に反映されたものです。運気を知るために、さまざまな方法があります。「五行（万物は「木」「火」「土」「金」「水」の5つの要素によって支配されているとする古代中国で生まれた考え方です）。易、気学（生れた年月日の九星〈一白水星、二黒土星、三碧木星、四緑木星、五黄土星、六白金星、七赤金星、八白土星、九紫火星〉と干支を基本として気のあり方や方向性を占います）。風水（古代

中国で生まれた考え方で、気の流れを読んで、都市や住まい、墓などの位置の吉凶を決めるのに用いられてきました）。奇門遁甲（古代中国で兵法として編み出された占いで、『三国志』では諸葛孔明が用いてたびたび戦果を挙げたことでも知られています。方位術の一種で、恋愛や病気、旅行、交渉ごとによい吉方位を割り出していきます）などです」。これらを上手に活用して、低迷している運気をアップさせ、人生を切り開いていくことができます。

運気を上げるために、パワーストーンを身につけたり、あるいはパワースポットや吉方位に出かけたりすることが、近年流行しています。こうした行為はある程度の効果を期待することができますが、これだけでは十分とはいえません。人間はだれでも自分を元気にしてくれるエネルギーが必要です。エネルギー源は、人によってそれぞれ異なります。愛情がいちばんという人もいれば、おいしい食事やワインという人もいるでしょう。子どもや家族の笑顔がなによりの活力源という人もいれば、友情や健康、充実した仕事、やっぱりお金という人もいるでしょう。

エネルギーと人間の関係は、巨大なダム湖と導管の関係に似ています。エネルギーはダム湖に蓄えられた水、ダムの水が流れ込む導管が私たち人間だと思ってください。このダム湖には私たち人間が欲しいと願うあらゆるエネルギーが蓄えられているのです。ところが、導管にゴミが詰まると、流れがせき止められ、エネルギー（愛情や友情、お金、健康、結婚、仕事など）を取り出すことができません。

この導管を詰まらせているゴミ――元凶は、我欲や執着、こだわりといった自我です。自分を元気にしてくれるエネルギーをスムーズに流すためには、これらの自我というゴミを取り除かなくてはなりません。

こうやって自分でエネルギーを自在に取り出す能力を身につけることができるようになれば、自分に対してプラスとなるエネルギーを流し、運気を上げることにつながってくるのです。

さらに、エネルギーは自分のためにだけ使うのではなく、子どもや両親、周りの方にも使うことが大切です。周囲の人にプラスのエネルギーを流すことで、その人たちにも喜ばれます。その結果として、プラスのエネルギーが自分のほうに返ってきて、自分の運気をアップさせることになるのです。

次に、すぐに実践できる運気アップの方法を簡単に説明します。

①お財布にお札を入れるときは、お札をきちんと揃えますが、お札の頭（描かれている肖像画の頭）は上向きになるようにします。お財布はバッグやカバン、ポケットなどに入れたままにしておくのではなく、帰宅後は、決められた所に置くようにします。お財布にも休息が必要で、エネルギーの補給する時間を与えることが大切です。
またレシートや請求書などがお札と一緒に入っているのはダメです。レシート類は「お金を使った証拠」で、お札が安心してお財布の中にいられない状態にさせてしまいます。

また、小銭とお札は一緒にしないようにしましょう。小銭はコインケースでお財布とは別に持つようにします。風水の五行では、小銭は「金」で、お札は紙でできているから「木」ですが、「木」は「金」と相性が悪く、「金」に負けてしまうといわれているのです。なお、五行については31ページ以下で解説してあります。

②明るい色の服を着るようにします。明るいものは邪気を遠ざけ、幸運を引き寄せるのです。

暗い色の服は他の色と合わせやすいので、つい暗い色ばかりを選んでしまいがちです。しかし暗い色は陰の気を強めてしまい、運気を下げてしまうのです。陰の気を減らすために、明るい色の洋服を身につけ、運気アップにつなげましょう。明るい色の服を身につけると陽の気が強くなり、気持ちが前向きになり、さらに陽の気が強まり、運気アップにつながります。といっても、なにもかも洋服やバッグなどの小物類のすべてが明るい色である必要はありません。暗い色が含まれていても全体的に明るい雰囲気が感じられたり、明るい色の割合が多くなるようにすると、陽の気を強めることができるでしょう。

明るい色とは白や淡い色だけではありません。シルバーやゴールドなど、明るいイメージのある色も含みます。青や緑などの寒色系は明るめの色調のものを選ぶとよいでしょう。

仕事などの都合で明るい色の洋服を着ることができない場合には、下着を明るい色にするとよいでしょう。

③歩くことは人間の基本的な動作の一つですが、歩き方とその人の靴を見れば、お金がたまる人かどうかはわかります。運気の強い人はドタドタ歩くことはしないものです。幸運を逃がさないためには靴のかかとを踏んだえいせず、手入れもしっかりとしておきましょう。

また、間違った、悪い歩き方は運気アップにつながらないだけでなく、健康や美容にも悪影響を及ぼします。外反母趾、腰痛や膝痛、O脚、X脚などは間違った歩き方が原因になっているのです。

④自分の名前やサインはていねいに書きましょう。字の上手・下手は関係がありません。一字一字ていねいに書くことで運がよくなるのです。

⑤1日の始まりは「穏やかに」を心がけましょう。朝を気持ちよく過ごすと、その日の運気がよくなります。

⑥爪は普段からきれいに清潔にしておくようにします。爪は皮膚が変化してできたものです。爪は毎日成長し、手の爪の場合、健康な人で1日に約0・1ミリずつ伸び、爪全体が生まれ変わるのに約6カ月かかるのです。足の爪は遅く、手の爪の2倍近くかかるといわれています。つまり、手の爪には、半年間の厄が、足の爪には1年間の厄がたまっているのです。爪を切ることは、すなわち「厄落とし」につながっているのです。

爪は健康のバロメーターといわれています。爪の色、つやを見れば、健康状態がわかります。ピンク色でつやがあれば、健康な証拠です。また、爪には過去6カ月間の（足の爪なら約1年の）健康状態が記録されています。爪の表面に縦のすじができることがありますが、これは病気ではなく、加齢でできるものですが、横のすじができたり、横に波をうっているときは病気を考えなければなりません。

爪は指先を保護していますが、それだけではありません。指先で物をつかむとき、指先に力を入れますが、爪が支えとなってうまくつかむことができるのです。さらに、小さなものでも爪があるおかげで力の入れ加減を調節することができ、細かい作業をすることができます。また、足指に爪がなかったら、歩くときに爪先に力が入らず、うまく歩けないことになります。

爪は、きちんと手入れをしておくと、運気アップだけでなく、仕事の能力アップにもつながってくるのです。

⑦よいものを身につけて、運気をアップさせます。②では明るい色の洋服を身につけることを述べましたが、それにプラスして、自分の身につける洋服や品物のなかで、一つでもいいので本当に価値のあるもの、良いものを選ぶようにしましょう。全部高額なものにする必要はありません。自分のできる範囲で、一流のものをそろえることです。

たとえば、着るものは着古したジーパンに洗いざらしのTシャツでも、時計だけは高級品にするとか、スニーカーだけは高額なものにするとかします。いわゆる「一点豪華主義」です。一流のものを身に着けていれば、例えほかが安いものでも自分に自信が生まれます。そして自分を一流のもののレベルに高めようとする心が生まれるのです。自信をもつことは、自分の考え方や行動力を高めることにつながり、その結果、運気が自然と上昇していきます。自分のレベルを上げようという向上心が強くなれば、さらにチャンスが生まれていくのです。

反対に身につけるものすべてが価値のないもの、安物だったら、気持ちが萎縮し、どうしても卑屈になってしまいます。そのマイナスの感情が表面に現れ、運気が上がらない状態が続いてしまうのです。チャンスの芽も摘み取られてしまい、新しいことに挑戦する勇気も失せ、運気が下がった「泥沼」から抜け出すことができなくなってしまいます。

よいものを身につけることで、物を見る目が自然と養えていきます。よいもの――人を満足させる本当のよいものがわからないままでは、仮に商売をしても成功することはありません。よいものかよいものではないか、その見る目を養うためにも、価値のある時計や靴などを、勇気を出して自分のために投資してみるのもいいかもしれません。

⑧トイレをきれいに掃除することが運気アップにつながり、人生が好転するのです。先ほど、導管の話をしましたが、トイレ掃除は、導管が詰まるゴミを取り除くのに最適な方法といえるでしょう。人がいやがるような汚れているところを掃除すると、我欲や執着、こだわりが消え、透明な心になって、エネルギーの流れがよくなるのです。

著名人のなかで北野武さんや星野仙一さん、和田アキ子さん、宝くじで総額5億円を当てた上坂元祐さんなどがトイレ掃除をご自分でしっかりとやっているといいます。

6. 意外な効果がある風水グッズ

「開運グッズ」「風水グッズ」として水晶やパワーストーン、八卦鏡、麒麟《きりん》・蟾蜍《せんじょ》・龍などの置物などさまざまなものが販売されていますが、その効果はケースバイケースです。置いてある場所が悪かったり、グッズ同士が相反して運気を相殺してしまっていることがあります。ここでは、グッズを使って簡単にできる運気アップをの方法を紹介しましょう。

① 丸いタッパーに小さい穴を開け、その中に米、小豆《あずき》、塩（ここでは粗塩のほうが効果があるといわれています）を円グラフのように均等に入れ（下のイラスト参照）、運気の悪いところに置きます。

塩は大昔に禊《みそぎ》に海水を用いたことから霊的な力があるとされ、盛り塩は運気を運んでくるといまでも盛んに行われています。悪い霊気を吸い取ると塩が固まってくるので、固まったらすぐに新しい塩と交換することが大切です。米は、日本や中国の神々が稲作と密接に結びついていることと関係があり、古くから神様への供物には米が用いられてきました。さらに小豆は、

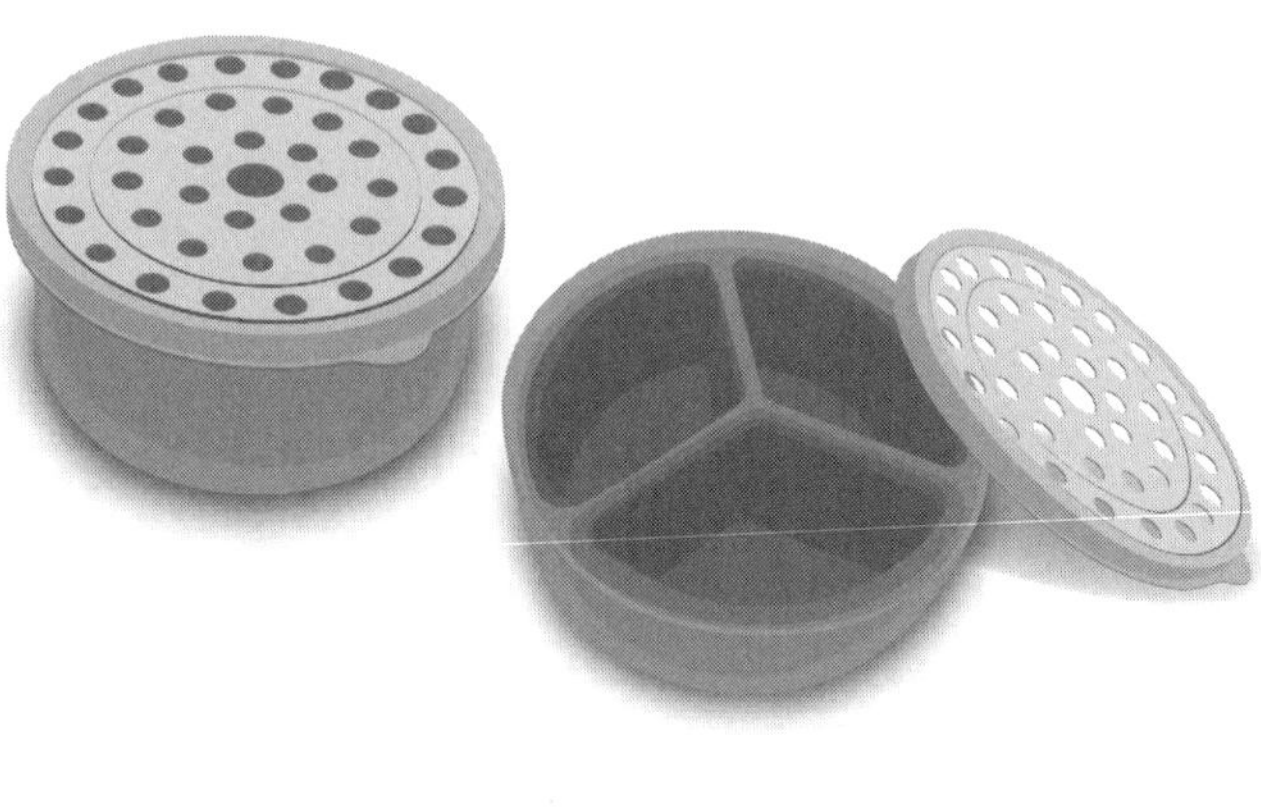

中国ではその赤い色から霊的な力があると考えられ、めでたい日や厄除けに小豆を食べる風習があります。この3つを一緒にして置くことで、厄除け・開運につながるのです。自宅に限らずオフィスでも有効で、デスクまわりに置くと、パソコンなどの電気製品から発せられる悪いエネルギーを浄化する働きがあります。

②風水グッズのヒキュウ（貔貅または豼貅と書きます）の置物一対（羽のあるのがオス、ないのがメス）を置いて、金運をアップさせます。正面から見て左にオスを、右にメスのヒキュウを置くのがよく、もし一つだけのときはメスを選びましょう。ヒキュウは古代中国の神話に登場する金銀などの財宝を主食とする架空の動物で、金運アップに効果があることから商売人をはじめ多くの人から崇められています。

ヒキュウが珍重されるようになったのには次のような言い伝えが残されています。ヒキュウは、角があり、容貌はまん丸く、利発で聡明だったため、万物を支配する神である天帝の9番目の子ども（末子）としてかわいがられていました。しかし、ヒ

キュウはもともと凶暴で、次第に従順さに飽きてしまい、好きかってに動き回るようになったのです。あるとき、食べ過ぎてお腹をこわしてしまい、至る所に便を垂れ流してしまいました。そこに天帝が通りかかり、知らずに踏んでしまったのです。

天帝は大変に怒り、ヒキュウのお尻を何度も何度も手で叩いたのです。その結果、ヒキュウのお尻はひどく腫れ上がり、とうとうヒキュウのお尻の穴は完全にふさがってしまいました。そのため、ヒキュウは好物である財宝を食べても、外に出すことができなくなってしまったのです。つまり、財宝はたまる一方になります。こうして、ヒキュウは、蓄財や金運のシンボルとして親しまれるようになったといいます。

ヒキュウの置き方は、特に決まっているわけではありません。基本的には、家庭では居間のテーブルやカウンターの上、玄関の下駄箱の上など少し高いところに置くようにします。仕事場では、机の上（できることなら左側に）やレジ台の上、車の中ならやや高めの場所に置くとよいでしょう。寝室や台所、洗面所、トイレは避けるようにします。ヒキュウは必ず頭を玄関ドアや窓のほうに向けておくようにしますが、これは、外から入ってくる金運などの気をヒキュウが食べてつかまえてくれるからです。また、ヒキュウはすぐによく眠ってしまう動物なので、毎日起こしてあげるように撫でたり、牛鈴という鈴を首にかけてときどき鈴を鳴らすようにします。置きっ放しにしておくと、働いてくれません。目で財宝を探し、口で財宝を飲み込むので、目と口は触らないようにし、お尻を撫でるようにします。

ヒキュウは金運アップのご利益があることから置物だけでなく、ペンダントやブレスレットなど、多くのグッズがあります。置物にもいろいろな形があり、体の中に物が入るようになっているときは、宝クジや受験票などの願いを叶えたい物を入れるようにします。また、古銭を入れたり、前に置いておくと、「源不絶招金進寶」のパワーが備わり、その源が途絶えることなく、金銀財宝を集めることができると伝えられているのです。古銭がないときは、5種類の外国の紙幣や、異なる種類のコイン5枚をおくとよいでしょう。

7. 簡単にできる「六壬《りくじん》」占い

判断に迷ったときや悩んでいるときに、だれでも簡単にできる占いを紹介します。六壬とは「大安・留連・速喜・赤口・小吉・空亡」の6つの要素で算出する時間を基準にした占いで、中国でいまから4500年前に生まれました。三国志の時代、諸葛孔明が馬上で手のひらに六壬の図を描いて、戦の趨勢を占ったといわれています。「大安」→「留連」→「速喜」→「赤口」→「小吉」→「空亡」の順で吉凶が変化していき、日本の六曜（大安、赤口、先勝、友引、先負、仏滅）のルーツになっています。

下図のように開きます。人差し指の下を「1大

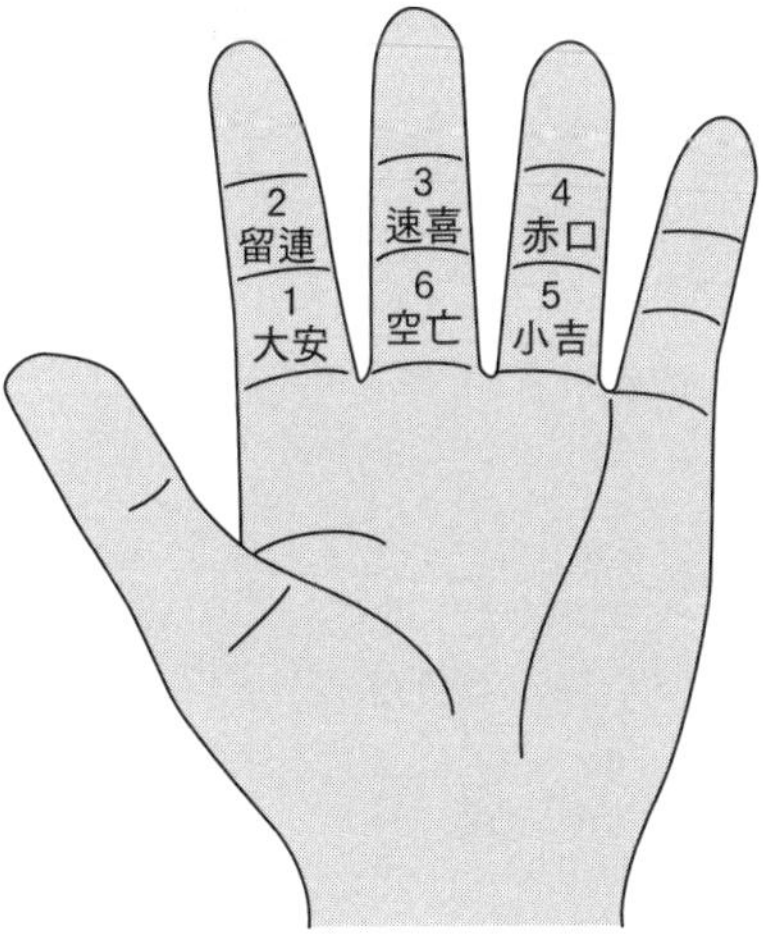

安」、人差し指の上を「2留連」、中指の上を「3速喜」「4赤口」「5小吉」「6空亡」……と時計回りで番号を振っていきます。さらに、1日の時刻を23〜1時は1、1〜3時は2、3〜5時は3と割り振ります。

結納や結婚式、あるいは大きな商談、就職試験といった特定の日時・時間、もしくは、いま現在の運勢を占うことができます。ちなみに8月10日の午後4時を占ってみましょう。

8月は、指の1からスタートして順に8番目の「2留連」です。10日は、その「2」からスタートして10番目の「5小吉」になります。そして午後4時は数字が9ですから、「5」からスタートして9番目で止まります。「1大安」になりました。それぞれの意味は次のとおりです。

・大安……万事に吉、何ごとも順調。助けてくれる貴人は西南にいて、東はよくない。
・留連……事なりがたし、ゆっくりがよい。助けてくれる貴人は南にいて、北はよくない。
・速喜……喜びごと来る、何ごとも急ぐべき。助けてくれる貴人は西南にいて、南はよくない。
・赤口……災厄あり、トラブルが起きやすい。助けてくれる貴人は東にいて、西がよくない。
・小吉……最も吉、万事上々。助けてくれる貴人は西南にいて、東はよくない。
・空亡……事は進展せず、財を求めても益なし。助けてくれる貴人は北にいて、西はよくない。

数字	時刻
1	23:00〜1:00
2	1:00〜3:00
3	3:00〜5:00
4	5:00〜7:00
5	7:00〜9:00
6	9:00〜11:00
7	11:00〜13:00
8	13:00〜15:00
9	15:00〜17:00
10	17:00〜19:00
11	19:00〜21:00
12	21:00〜23:00

もし、会社の面接日・時間が決まっているとします。その時刻の「六壬」を占うと、仮に「赤口」と出るとします。占いでは悪い日ですが、こっちの都合で変えることはできません。西がよくないとされているので、その会社に行くのに東から西に向かうのではなく、北から南へ、あるいは西から東へと進むようにすると、厄災が避けられることになるのです。

8. 本命卦で幸運の方位、避けたい方位を知る

占いで「当たるも八卦、当たらないも八卦」ということを聞いたことがあるでしょう。占いは当たることもあれば、当たらないこともあるので、気にしないようにという意味で使われていますが、八卦とはもともとは占いのことを指していました。

●玉仙妃の台湾式厄払いと厄除け

厄払いというと、日本では決められた年齢（厄年といいます。数え年で男性は25、42．61歳。女性は19、33、37歳。それぞれに前厄、後厄があるので３年続きます）になると、神社やお寺に出向いて行うものというのが一般的です。なお、お寺で行うものを厄除け、神社で行うものを厄払いいます。中国では年齢に関係なく、普段の生活の中でたまっていく邪気を払うものとされます。

玉仙妃が特別に台湾式厄払いや厄除けのお手伝いをすることもあります。台湾式厄払いは、10分あればできます。

一方の厄除けで用意するものは、①生年月日、時間、②手と足の爪10本ずつ（少量でよい）、③髪の毛（少量でよい）、④自分の着ていた服（３カ月以上着たもの。下着は除く）です。日時は１カ月ほどかかります。

（問い合わせ先＝taiwan.ane@gmail.com）

古代中国では、自然と人生を支配しているのは、天、沢、火、雷、風、水、山、地の8つの要素であると考えられていました。この8要素を漢字で当てはめると、天＝乾《けん》、沢＝兌《だ》、火＝離《り》、雷＝震《しん》、風＝巽《そん》、水＝坎《かん》、山＝艮《ごん》、地＝坤《こん》になります。すべての森羅万象がこの8つによって分類できるとする考え方です。

さて、私たち人間は血液中に鉄分が含まれていますが、この鉄分によって地球の磁場の影響を受けています。そして生まれたときの地球磁場の強弱や方向によって、体内の磁場は形成されていくのです。この体内磁場によって、磁気に感応する性質がある程度決まりますが、これが生まれつき備わっている「本命卦《ほんめいか》」といいます。風水をはじめとした占いの基本となるものです。

本命卦は、男性・女性によって異なり、男性は、離・艮・兌・乾・坤・巽・震・坤・坎の順に、女性は、乾・兌・艮・離・坎・坤・震・巽・艮の順に循環しています。生まれ年によって、本命卦は決まっています。本命卦を知っておくことで、自分の幸運の方位や避けなければならない方位があらかじめわかり、運気アップにつながるのです。なお、立春までの1月と2月1～3日生まれの人は、前年の本命卦に含まれるので注意してください。

本命卦は2つに分けることができます。東側に吉方位が集まった「東四命」グループで、坎・震・巽・離がこれに属します。西側に吉方位が集まった「西四命」グループでは、艮・坤・兌・乾がこれに該当します。それぞれの方位盤を見てください。一番外側には北～東北、東、東南、南、西南、西、西北の方位が示されています。その内側が吉凶方位で、最大吉、大吉、中吉、小吉、最大凶、大凶、

本命卦早見表

出生年	男	女
1945年	坎	艮
1946年	離	乾
1947年	艮	兌
1948年	兌	艮
1949年	乾	離
1950年	坤	坎
1951年	巽	坤
1952年	震	震
1953年	坤	巽
1954年	坎	艮
1955年	離	乾
1956年	艮	兌
1957年	兌	艮
1958年	乾	離
1959年	坤	坎
1960年	巽	坤
1961年	震	震
1962年	坤	巽
1963年	坎	艮
1964年	離	乾
1965年	艮	兌
1966年	兌	艮
1967年	乾	離
1968年	坤	坎
1969年	巽	坤
1970年	震	震
1971年	坤	巽
1972年	坎	艮
1973年	離	乾

出生年	男	女
1974年	艮	兌
1975年	兌	艮
1976年	乾	離
1977年	坤	坎
1978年	巽	坤
1979年	震	震
1980年	坤	巽
1981年	坎	艮
1982年	離	乾
1983年	艮	兌
1984年	兌	艮
1985年	乾	離
1986年	坤	坎
1987年	巽	坤
1988年	震	震
1989年	坤	巽
1990年	坎	艮
1991年	離	乾
1992年	艮	兌
1993年	兌	艮
1994年	乾	離
1995年	坤	坎
1996年	巽	坤
1997年	震	震
1998年	坤	巽
1999年	坎	艮
2000年	離	乾
2001年	艮	兌
2002年	兌	艮

出生年	男	女
2003年	乾	離
2004年	坤	坎
2005年	巽	坤
2006年	震	震
2007年	坤	巽
2008年	坎	艮
2009年	離	乾
2010年	艮	兌
2011年	兌	艮
2012年	乾	離
2013年	坤	坎
2014年	巽	坤
2015年	震	震
2016年	坤	巽
2017年	坎	艮
2018年	離	乾
2019年	艮	兌
2020年	兌	艮
2021年	乾	離
2022年	坤	坎
2023年	巽	坤
2024年	震	震
2025年	坤	巽
2026年	坎	艮
2027年	離	乾
2028年	艮	兌
2029年	兌	艮
2030年	乾	離
2031年	坤	坎

中凶、小凶に分かれているのです。意味は最大吉がいちばんよくて、最大凶がいちばん悪いことはわかるかと思います。

ただし、最大吉だからなんでもかんでもいいのかというと、そうとは限りません。内側に書かれている、生気・天医・延年・伏位・禍害・六殺・五鬼・絶命の意味をきちんと理解して行動に移すことが、幸運を呼び込むことにつながるのです。ここでいう方位とは、部屋やオフィスの中心から見て、あなたがどの方位にいるか、また、あなたが向いている方位はどこかによって、吉方位・凶方位を判断します。寝室やリビングなど長時間を過ごす場所を意識的に調整することで、運気を変えて、呼び込むこともできるのです。

それぞれのもつ意味について、簡単に説明しておきましょう。

●生気（最大吉）

体力や精力などの生命をつかさどるエネルギーが増大する最強の方位です。この方位を活用すれば、活気に満ち溢れ、心身ともに気力が充実して前向きになれ、仕事や恋愛のチャンスに恵まれます。ただし、背意欲を高める効果もあるので、浮気性の人には注意が必要です。ただし、マイナスのエネルギーを強めるとされ、病気の人には適さない方位なので注意してください。

●天医（大吉）

健康に関係する方位で、精神的な癒しなどにも影響を与える方位です。病気がなかなかよくならない、精神的にいつもイライラするといった症状があるときは、必ず天医ではなく凶方位に寝ていることが多いようです。ベッドの位置を天医方向に変えるだけで病気が治った、あるいは、天医の方向にあるクリニックに変えてみたところ持病がよくなったという話があります。また、健康だけでなく、仕事上の協力者に出会える方向とされ、仕事や財産運のアップにも大いに関係してきます。

●延年（中吉）

人間関係のみならず商売繁盛に関係する方位です。この方位を活用すると、協調性が養われ、会社や学校での対人関係がよくなるとされます。さらに恋愛運・結婚運・友情運を高めるとされ、倦怠期を迎えた夫婦関係の改善にも絶大な効果があります。また、物事が長続きし、調和の方向に向かうといわれています。

●伏位（小吉）

安定の方位で、自分を見失ったときや自分の進むべき方向がわからない、迷ったときなどには原点に立ち返って冷静に振り返るのに適した方位です。積極的に行動するのではなく、受け身でいるほうがよい方位といえるでしょう。小吉なので大きな飛躍は望めませんが、平和や平穏無事に関係し、着実に前進することができるとされます。夫婦関係や親子関係、嫁姑関係がそれぞれ悪いときなど、家族の絆を深めるのには適しています。

●絶命（最大凶）

最大吉の正気とは反対に最悪の方位で、不幸やトラブルに見舞われることが多く、人間の生命力を減じる方位です。このため、いくら努力しても報われない、人に苦労させられる・裏切られる、周囲から中傷を受けやすい、経済的に苦労が絶えないなど、あらゆる混乱を呼び込む方位といえます。病気やケガが長引くことが多く、健康面にもより注意を払わなければなりません。

●五鬼（大凶）

火災、事故、ケガ、盗難、過労、親不孝などに関係する凶の方位です。絶命と並んで最も避けたい方位で、家の間取りを考えるときや新しいことにチャレンジするときなどには最大限の注意をしなければなりません。対人関係でも最悪で、被害者意識が強くなり、もめごとが起こりやすくなります。さらに、常識では考えられないお不可解な現象が起こるのもこの方位です。

●六殺（中凶）

精神力や自制心が衰え、集中力が著しく欠ける方位です。その結果、つまらないミスが多くなり、対人関係でもトラブルが続出します。仕事の面では上司からの信頼関係を損ねることもあり、学業の面では成績がふるわなくなる傾向にあります。また、あらゆる物事に対して不平不満を言うようになるので、人間関係にも注意を払わなくてはなりません。不安感が増し、不眠症に悩まされることになるでしょう。

●禍害（小凶）

大きな災いはないが、不安感が増して毎日少しずつ活力が失われていく方位です。体調管理ができなくなり、生活習慣が乱れるとともに、病気やケガがしやすくなり、健康面から日々の意欲が低下していきます。意欲がなくなって消極的な心持ちになりやすく、一歩一歩、悪い方向に向かってしまうので注意してください。

吉凶方位盤（西四命）

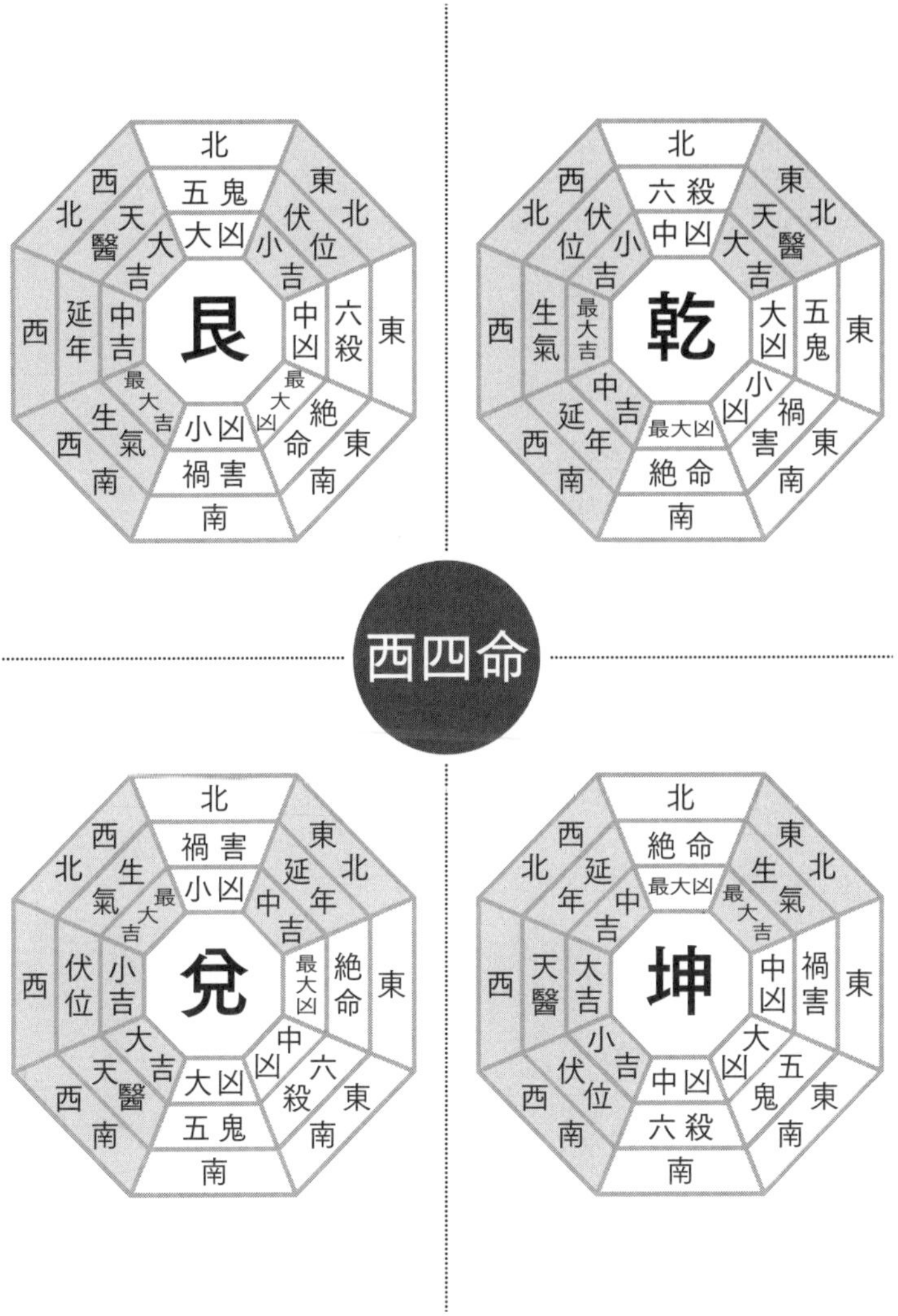
西四命
艮
北 五鬼 大凶
東北 伏位 小吉
東 六殺 中凶
東南 絶命 最大凶
南 禍害 小凶
西南 生氣 最大吉
西 延年 中吉
西北 天醫 大吉
乾
北 六殺 中凶
東北 天醫 大吉
東 五鬼 大凶
東南 禍害 小凶
南 絶命 最大凶
西南 延年 中吉
西 生氣 最大吉
西北 伏位 小吉
兌
北 禍害 小凶
東北 延年 中吉
東 絶命 最大凶
東南 六殺 中凶
南 五鬼 大凶
西南 天醫 大吉
西 伏位 小吉
西北 生氣 最大吉
坤
北 絶命 最大凶
東北 生氣 最大吉
東 禍害 中凶
東南 五鬼 大凶
南 六殺 中凶
西南 伏位 小吉
西 天醫 大吉
西北 延年 中吉

吉凶方位盤（東四命）

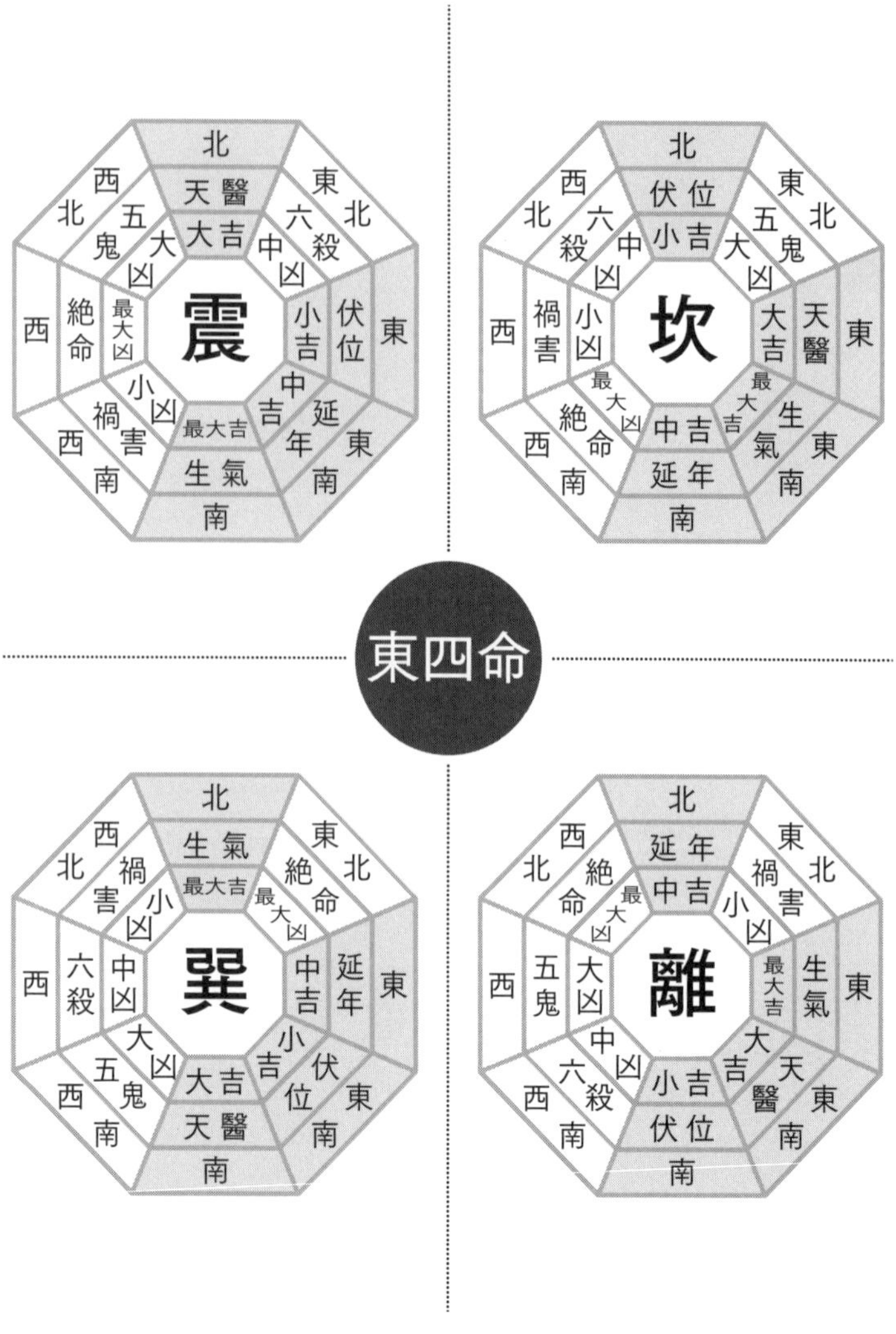
震
北 天醫 大吉
東北 六殺 中凶
東 伏位 小吉
東南 延年 中吉
南 生氣 最大吉
西南 禍害 小凶
西 絶命 最大凶
西北 五鬼 大凶
坎
北 伏位 小吉
東北 五鬼 大凶
東 天醫 大吉
東南 生氣 最大吉
南 延年 中吉
西南 絶命 最大凶
西 禍害 小凶
西北 六殺 中凶
東四命
巽
北 生氣 最大吉
東北 絶命 最大凶
東 延年 中吉
東南 伏位 小吉
南 天醫 大吉
西南 五鬼 大凶
西 六殺 中凶
西北 禍害 小凶
離
北 延年 中吉
東北 禍害 小凶
東 生氣 最大吉
東南 天醫 大吉
南 伏位 小吉
西南 六殺 中凶
西 五鬼 大凶
西北 絶命 最大凶

第2章

「五行」で幸運をつかむ

中国では古来より森羅万象すべてのものは、「木」「火」「土」「金」「水」の5つの気のエネルギーによって成り立っていると考えられています。「木」「火」「土」「金」「水」にはそれぞれどんな意味があるのでしょうか。

「木」……季節でいうと春で、木々が伸びやかに生長し、心地よい春風のなか、大地は美しい緑に覆われています。方角は東を表し、時は朝、太陽がのぼり、活力に満ち、これから発展していくという意味があります。

「火」……季節は夏で、灼熱の太陽は赤く大地を照らします。気は上昇し、大地は熱をもちます。方角は南を表し、時は真昼、登りつめた太陽は徐々に陰りはじめることになります。

「土」……季節と季節のつなぎ目として「土用」があります。土は万物を生み出します。「稼穡（かしょく）を司る」という古い言い方がありますが、「稼」は植え付けること、「穡」は収穫することで、植え付けから収穫までを意味します。中国では夏と秋の間——日本の土用のころに湿度の高い長夏という季節があり、それに「土」をあてています。

「金」……季節は秋で、大気は乾燥し、どこまでも空気は澄みわたり、実りの季節となります。方角は西を表し、時は夕暮れ、鳥たちも巣に戻り始めるのです。

「水」……季節は冬で、冷たく寒く、雪や氷に覆われます。しかし、極まれば変じることから、外は寒くても内には陽気な春を待ち望む気持ちが強くなります。万物を養い一気に開花する準備を整える時期でもあります。方角は北を表し、時は夜ですが、月や星々のきらめき輝くころとなります。

「木」は燃えて「火」を生じ、「火」が燃え尽きると固まって「土」を生じ、「土」はやがて土中に

相生

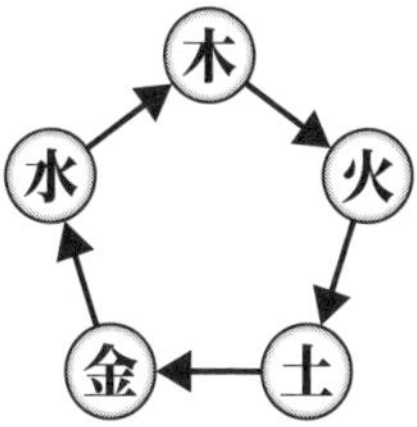

木は燃えて火となる　《木生火》

↓

火が燃えた後の灰から土が出来る　《火生土》

↓

土の中から金属が出てくる　《土生金》

↓

金属からは水が生まれる　《金生水》

↓

水は木を育てる　《水生木》

相剋

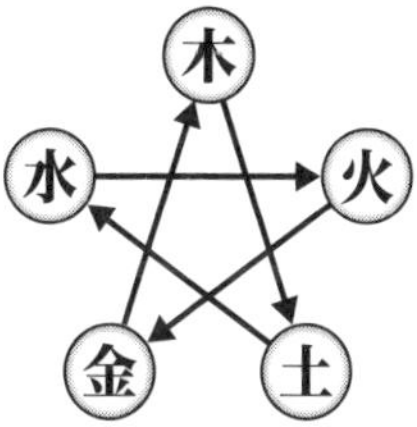

木の根が土中に根を張り土が崩れる《木剋土》

↓

土は川を堰止める　水中に土をいれると濁る
《土剋水》

↓

水は火を消してしまう　《水剋火》

↓

火は熱で鉱石を溶かす　火は金属を鍛える
《火剋金》

↓

金は斧・のこぎりや等で切倒す　《金剋木》

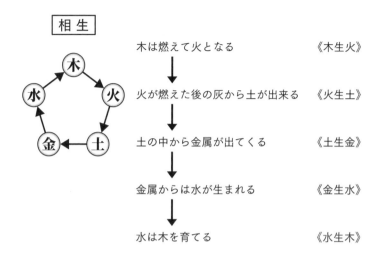

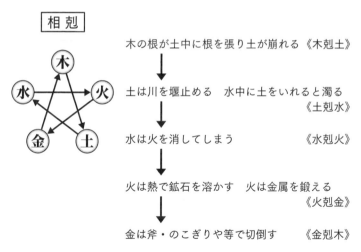

「金」を生じ、「金」は溶けて「水」になり、「水」は「木」を育てる――このように、木→火→土→金→水という5つの気（エネルギー）のサイクルが休むことなく、うまく巡ることで、幸運をつかみとることができるというのが「五行」の考え方です。五行の2つが互いに助け合うことを「相生（そうしょう）」といいます。ただ、ここで注意しなければならないのは「相生」がよいからといって、すべてがハッピーになるわけではありません。

反対に、「木」は根を伸ばして「土」の養分を奪い、「土」は「水」を汚して流れをせき止め、「水」は燃え盛る「火」を消し、「火」は「金」を溶解し、「金」は「木」を伐採する――このように、相手に打ち剋つ関係を「相剋（そうこく）」といいます。「相剋」は相生とは違って反発しあう関係にあるのです。（▼相生と相剋の図は、前頁を参照してください）

また、五行にはそれぞれ色が割り当てられています。「木」が青（緑、藍）、「火」が紅（赤、ピンク）、「土」が黄（黄褐色、黄土色）、「金」が白（銀、灰白色）、「水」が黒（紫、灰黒色）の五色です。「相生」の色の組み合わせは「白と黒」「黒と青」「青と赤」「赤と黄」「黄と白」で、反対に「相剋」の関係にある好ましくない組み合わせは「白と青」「青と黄」「黄と黒」「黒と赤」「赤と白」です。何色の服を着たらよいか、色の組み合わせはどうしたらよいか、何色のものを身につけたらよいかを考えるときのヒントになります。

1．顔にふさわしい髪型を選ぶ

私たち人間の顔の形も5つの型に分けることができます（「五型」といいます）。自分の顔の形を見て、「どうして四角張った顔なのだろう？」とか「両親に似ないで、どうして丸顔なの？」と思ったことはありませんか？　自分の顔がどのタイプなのかを知ることで、それにふさわしい髪型を選べば、さまざまな運気アップにつなげることができるのです。

◎「金」型……四角形で角張った顔

「金」の相生は「水」で、髪の毛は「水」型（ロングヘアで、軽くウェーブして伸ばす）にします。金はその表面に水を生み出すというプラスの作用が働きます。角ばっている顔つきは、真ん中で左右に分ければ全体の印象がやわらかくなります。

◎「木」型……面長でほっそりとした顔

「木」の相生は「火」で、髪の毛は「火」型（軽くパーマして、髪の毛を梳く）にします。木は火と出会うことで盛んに燃え盛るプラスの作用が働きます。

◎「水」型……丸く卵形の顔

「水」の相生は「木」で、髪の毛は「木」型（ショートヘアで、まっすぐに伸ばす。ボブスタイル）にします。水が木を育むというプラスの作用が働きます。髪の毛の長さは肩までにとどめるようにすれば、顔が丸いという欠点を隠すことができるでしょう。

◎「火」型……あごがとがって逆三角形の顔

「火」の相生は「土」で、髪の毛は「土」型（ショートヘアで、フワーッとボリュームを出す）にします。火はやがて灰となり、土をつくるというプラスの作用が働きます。分けるときは、真ん中できっちりと分けるのではなく、左か右、どちらかに軽く流すようにすると、全体の印象がやわらかくなります。

◎「土」型……下ぶくれで台形に近い顔

「土」の相生は「金」で、髪の毛は「金」型（ショートヘアで、きっちりと分け目をつける）にします。土の中でやがて金が生じるというプラスの作用が働きます。ボーイシュなスタイルのほうがバランスはよくなります。

顔のタイプを5つに分けて説明しましたが、顔と同じように体つきも5つのパターンに分けることができます。

「木」型（やせて細長いタイプ）、「火」型（やせ気味で三角形のタイプ）、「土」型（大柄で太めのタイプ）、「金」型（角張っていて正方形のタイプ）、「水」型（丸みを帯びたタイプ）です。体つきと顔つきが同じなら、ここで紹介した髪型が開運につながりますが、ときには顔つきと体つきが異なるパターンの人がいます。「木と火」「火と土」「土と金」「金と水」「水と木」のように相生であれば吉相ですが、そうでないときは凶相となるので注意しなければなりません。そのようなときは、ていねいな化粧を心がけたり、身だしなみを整えることで運気を上向きに変えることができるのです。

2.「開運」メガネの選び方

かつて「メガネは顔の一部です」というコマーシャルソングがありましたが、どのようなメガネを選ぶかによって、運気が大きく変わります。メガネ選びも、髪型と同じように五行の考え方が大切です。ただ、髪型は、木→火→土→金→水という顔のタイプとの相生によって選びましたが、身につけるものは、反対に顔のタイプをより強くする流れ（木←火←土←金←水）になります。

メガネは単に遠視や近視・乱視のためにかけるのではありません。風除けや日除けなどのためでもなく、また顔の欠点を隠すためでもなく、顔の形にあったメガネをかけることで、開運につながるアイテムにもなるのです。

◎「金」型……四角形で角張った顔

「金」が生まれるのは「土」の中なので、「土」型（やや下が長い台形）メガネにします。

◎「木」型……面長でほっそりとした顔

「木」を育てるものは「水」になるので、「水」型（丸みを帯びた）のメガネにします。

◎「水」型……丸く卵形の顔
「水」をつくりだすのは「金」になるので、「金」型（四角く角ばった）のメガネにします。

◎「火」型……あごがとがって逆三角形の顔
「火」を生じるのは「木」になるので、「木」型（横長）のメガネにします。

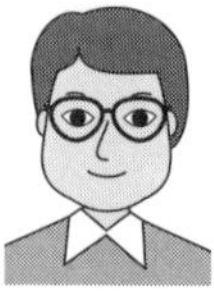

◎「土」型……下ぶくれで台形に近い顔
「土」を生じるのは「火」になるので、「火」型（丸みを帯びた下がとがり気味の三角形）のメガネにします。

3.「開運」腕時計の選び方

メガネと同じように腕時計も、どのようなものを身につけるかで運気が大きく変わってきます。時計選びも五行の考え方が基本ですが、元となるのは顔の形ではなく、手のひらです。腕時計はメガネと同じように身につけるものなので、流れ（木↑火↑土↑金↑水）になります。

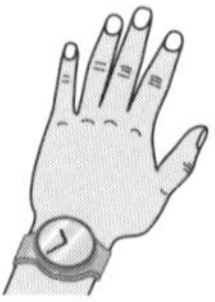

◎「金」型……角張った手のひら
「金」が生まれるのは「土」の中なので、「土」型（大きめの分厚い）腕時計にしま

す。

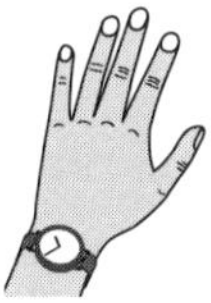

◎「木」型……ほっそりとした手のひら
「木」を育てるものは「水」になるので、「水」型（円形の）時計にします。

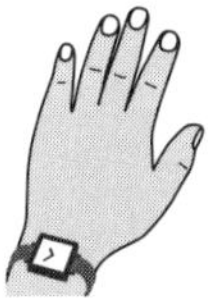

◎「水」型……丸っぽいふくよかな手のひら
「水」をつくりだすのは「金」になるので、「金」型（四角く角ばった）腕時計にします。

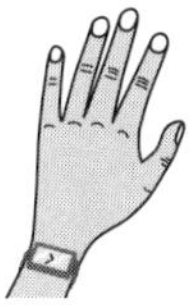

◎「火」型……腕まわりが細い三角形の手のひら
「火」を生じるのは「木」になるので、「木」型（横長）の腕時計にします。

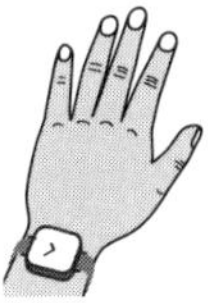

◎「土」型……肉厚でどっしりした手のひら
「土」を生じるのは「火」になるので、「火」型（角形だが角が丸め）の腕時計にします。

4.「開運」ネックレスの選び方

ネックレスは首につける装身具で、男女の別なく親しまれています。素材も真珠や天然石、チタンやゲルマニウムなどの鉱物や金属などがあり、形もハート形やひし形などさまざまなものが売られています。ファッション性が高いものから、肩こり解消などを目的とした磁気ネックレス、さらには開運用のものもあります。しかし、開運用といっても、つける人の体型に基づいて五行の考えから、ネックレスの形を導いたものでなければ帰って運気を下げることにもなるので注意しなければなりません。ネックレスはメガネや腕時計と同じように身につけるものなので、流れ（木↑火↑土↑金↑水）になります。

◎「金」型……角張った体つき
「金」が生まれるのは「土」の中なので、「土」型（どっしりとした重い）ネックレスにします。

◎「木」型……やせ型でほっそりとした体つき
「木」を育てるものは「水」になるので、「水」型（一つひとつが丸いリングでつながった）ネックレスにします。

◎「水」型……丸みのあるふっくらした体つき
「水」をつくりだすのは「金」になるので、「金」型（一つひとつが正方形でつながった）ネックレスにします。

◎「火」型……やせ型でゴツゴツした体つき

「火」を生じるのは「木」になるので、「木」型（一つひとつが長方形でつながった）ネックレスにします。

◎「土」型……太めでどっしりとした体つき

「土」を生じるのは「火」になるので、「火」型（三角形かひし形、ないしは不規則な形でつながった）ネックレスにします。

5.「五行」でわかる健康法

私たちは生まれながらに「木」「火」「土」「金」「水」の5つのタイプに分かれ、それぞれに発する気が異なります。気をそれぞれに強める健康法を伝授しておきましょう。

①「木」を強める方法

・東方にある神社へのウォーキング
・青い色を身につける
・酸味のある食べ物を摂る……梅、レモン、酢、ヨーグルト、アンズ、スモモ、ゆず
・その他、漢方薬や身近に植物を飾るようにする。

②「火」を強める方法

・南方にある神社へのウォーキング

・赤いものを身につける
・苦味のある食べ物を摂る……ゴーヤ、タケノコ、ゴボウ、春菊、セロリ、ホウレンソウ、緑茶
・その他、お灸や日光消毒が効果的。

③「土」を強める方法
・東南、南西、西北、北東の方位にある神社へのウォーキング
・黄色いものを身につける
・甘味のある食べ物を摂る……カボチャ、サツマイモ、トウモロコシ、ニンジン、クリ、ミカン、はちみつ
・その他、ガーデニングや陶芸などの趣味がよい。

④「金」を強める方法
・西方にある神社へのウォーキング
・白いものを身につける
・辛味のある食べ物を摂る……ネギ、タマネギ、ショウガ、ラッキョウ、ニンニク、ダイコン、ワサビ、酒
・その他、ハリ（鍼）をしたり、金属製のアクセサリーを身につける

⑤「水」を強める方法
・北方にある神社へのウォーキング
・黒いものを身につける

・塩辛い食べ物を摂る……干物、昆布などの海藻類、アサリなどの貝類、佃煮、味噌
・その他、水中ウォーキング、水分を多めの補給するなど。

6．不景気を克服する「開運」オフィス

「景気が悪いからなにやってもうまくいかない」あるいは「どんなにがんばっても営業成績がよくならない」などと嘆いていませんか。事業所やオフィス内をちょっと工夫するだけでも、不景気や営業不振を打破することができるのです。

①オフィスに三カ所同じものを置く。この三カ所は三角形になるように配置し、置くものは丸いお皿とかコイン、あるいはグラスなどです。同じように直線状に三カ所並べてもよいでしょう。

②オフィス内の装飾は五行の思想に基づいて決めていきます。五行によってオフィス全体の磁場を強くして運気を呼び集めるのです。置くものはそれぞれ小さいものでも構いません。

・東方は「木」で、東側には観葉植物や木が描かれた色紙などを飾ります。
・南方は「火」で、南側には照明器具などを置きます。なお、照明はできるだけ明るくして財を呼ぶようにし、しかも磁気を強くするためには清潔さを保つことが大切です。
・西方は「金」で、西側にはロッカーや金庫、コピー機、冷蔵庫などの家電製品を置きます。
・北方は「水」で、ウォーターサーバーや熱帯魚の水槽などを置きます。

・中央は「土」で、陶磁器の花瓶や壺などを置きます。

③オフィス内の磁場のエネルギーを強くするために、水晶玉や陶磁器を次の方位に置きます。

・席が北で、南向き……北か南西
・席が南で、北向き……南か東北
・席が東で、西向き……東か西北
・席が西で、東向き……南か西北か東南
・席が東北で、南西向き……東北か北西
・席が南西で、東北向き……東か南西
・席が西北で、東南向き……西、西北、北
・席が東南で、西北向き……東南か南西

第3章

風水でわかる！　幸運を呼ぶ家庭、ツキから見放される家庭

「成功した男性の背後には、必ず女性の内助の功がある」といわれますが、夫婦の関係と家庭環境がよくなければ、なかなか成功に結びつかないのは洋の古今東西を問いません。外で必死の思いで働き、奮闘するためには家の中でしっかりと切り盛りしてくれる妻がいなくては、専念して働くことはできないでしょう。

ひと昔前の女性は「嫁に行ったら夫に従う」という考えが徹底していました。夫の悪い面が出たり、仕事がうまくいかなくなっても、妻は妻の役割をきちんと果たしてさえいれば、結婚生活は比較的長く調和がとれていたのです。

ところが最近は、夫の悪い面が目につくようになったり仕事がうまくいかなくなると、すぐに双方が婚姻関係を解消してしまいます。もめごとや大きな災難が降りかかっただけで、それぞれ心が離れていく夫婦では、自己利益が優先され、家庭のために必死で働くという気持ちにはなれないものです。現在、離婚率が高くなっている原因の一つに、この利己的な考えがあるといっても過言ではないでしょう。

「嫁に行ったら夫に従う」という考えは、いまの社会的通念では男女差別につながり、決して正しいとは限りません。しかし、同じ心持ちで家庭を盛り立て、二人にとって最もよい方法を選択していくのが夫婦なのです。夫婦の間が疎遠になり、それぞれ自分のことしか関心がなくなってきているのであれば、あなたの日常生活を風水で変えてみてはいかがでしょうか。

風水はいまから約4千年前に中国で生まれた思想で、「気」の力を応用して住まいや建物、都市、墓などの位置を決めるために使われてきました。風水といっても特別なことをするわけではありません。生活のなかのちょっとした工夫で、あなたが思ってもみなかったよい結果につながるのです。

1. 理想的な環境をつくる「四神相応」とは

風水は古代中国の都市だけではなく、日本ではその考え方をもとに都をつくるのに応用されていました。西暦794年、桓武天皇が京都に平安京を築いたのは、風水に適した地を探し求めた結果といわれています。時の権力者や支配者にとって、それだけ風水が広く行き渡っていたといえるでしょう。

風水の根幹をなすのは、不思議な力が宿っていると考えられていた龍の息、いわゆる生気の流れをどうつかまえるかです。龍の形に似た地形が気の源――繁栄、富、健康と長寿、安全の大もとと考えられていて、その気が集まり、いつまでもとどまる場所が最良の場所とされたのです。

そのような風水での最高の場所が「四神相応《しじんそうおう》」と呼ばれる土地です。四方を想像上の聖獣――北側に玄武（亀に似た聖獣）、東側に青龍（青い龍）、南側に朱雀（鳥に似た聖獣）、西側に白虎（架空の白い虎）に守られている土地です。実際には、北の玄武の地には山や高台があり、東の青龍には渓流や河川が流れ、南の朱雀には見晴らしのよい平地やくぼ地、湖沼があり、西の白虎には街道や大きな道があるところが理想といわれています。

京都は、北には鞍馬山や船岡山がそびえ、東には鴨川が流れ、南には巨椋池の干拓地が広がり、西には左忍冬や山陽道が走っています。まさに四神相応の地で、千年近く日本の中心的な都として繁栄を築き上げてきたのです。一方、豊臣秀吉は大坂を本拠として町を作り上げますが、風水をハナから信じなかったため、短命に終わりました。逆に江戸に幕府を築いた徳川家康は四神相応の考えをとりいれたため、長く栄え、東京は世界的な都市に成長しています。江戸城の北には本郷台地があり、東には荒川が流れ、南には東京湾、西には甲州街道と東海道が延びているのです。

しかし、家を建てるために土地を探そうと思っても、四神相応に適した土地はなかなか見つかるものではありません。今日、北の玄武の方角に山のかわりに大木なビルや建物を、西の白虎の方角に街道のかわりに鉄道の線路などに置き換えることが認められていますが、それでも理想の場所はなかなか見つかるものではないでしょう。

いま住んでいる所が四神相応でなくても、風刺の考え方を応用して、自分の住まいを「四神」的な空間にすることができます。四神にはそれぞれ象徴する色があり、その色と室内装飾を組み合わせれば、四神相応の間取りを作り上げることができるのです。

●北……亀の飾り物を置き、冬や山の風景のポスターを飾る
●南……孔雀の飾り物を置き、夏や海の風景のポスターを飾る
●東……龍の飾り物を置き、春や川の風景のポスターを飾る
●西……虎の飾り物を置き、秋や道のポスターを飾る

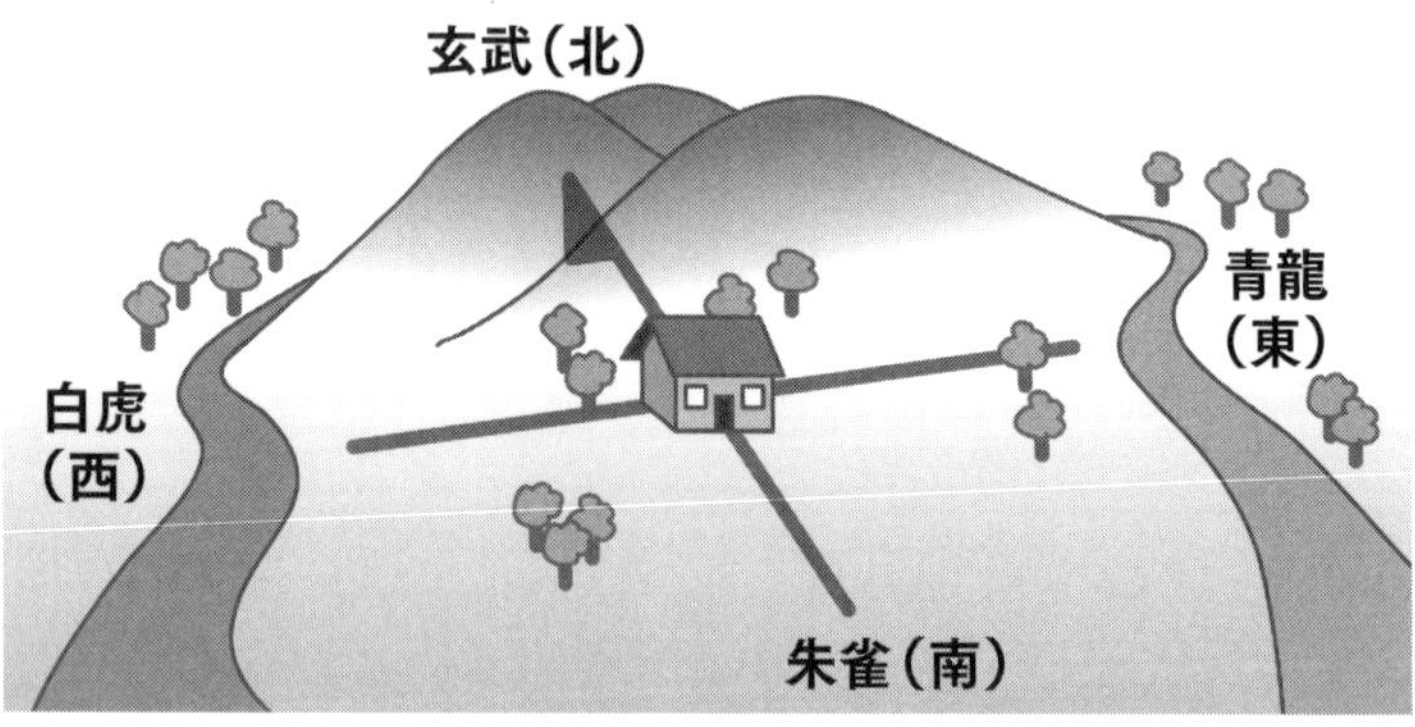

2. 風水では運気を上げる飾り物、柄、色が決まっている

風水は、古代中国から連綿と続く「開運のヒント」集です。先人たちがああでもない、こうでもないと試行錯誤を繰り返しながら積み上げたデータをもとにした知恵の結集といえます。前項の「四神相応」では風水からみた理想的な土地について説明し、さらに、現在住んでいる家の中でも簡単にできる「四神」的な方法について述べました。しかし、これだけではまだ十分ではありません。第2章で説明した「五行」（風水では「木」「火」「土」「金」「水」という5つの要素で、あらゆるものを分類することができる）の考えをとりいれて、より運気をアップさせる飾り物、カーテンや洋服などの柄、幸運を呼ぶ色を伝授します。

●北……「水」

ガラス、漆器、水晶、金魚鉢など水に関係するものを飾る。柄は雲や波模様。黒色・灰色。

●北東……「土」

陶器、レンガ、布、骨董など土に関係するものを飾る。柄は縞模様・格子。黄色。

●東……「木」

木や竹や籐の木工製品、観葉植物など木に関係するものを飾る。柄はストライプ。青、緑色。

●南東……「木」

木や竹や籐の木工製品、観葉植物など木に関係するものを飾る。柄はストライプ。青、緑色。

●南……「火」

プラスティック製品、ドライフラワー、キャンドルなどを飾る。柄は星柄、三角形柄。赤色。

●南西……「土」
陶器、レンガ、布、骨董など土に関係するものを飾る。柄は縞模様・格子。黄色。
●西……「金」
金・銀・銅・ステンレス製のもの、時計や鏡などを飾る。柄は水玉模様。白色、金色。
●北西……「金」
金・銀・銅・ステンレス製のもの、時計や鏡などを飾る。柄は水玉模様。白色、金色。

3. デスクの上も風水を適用すれば、仕事運がアップ

風水では、特に大切にするのが「気の流れ」です。デスクやデスクまわりがきちんと整理整頓ができていない、モノが乱雑に散らばっていると、気の流れが阻害されてしまいます。そのため、整理整頓が絶対に必要です。不要なものは捨て、パソコンのモニター画面の端などにフセンをベタベタと貼り付けているのをよく見かけますが、これも避けるようにしましょう。

職場での人間関係に悩まされていたり、また、仕事上のミスが目立ってきたというときは、デスクやデスクまわりの風水に問題があることが考えられます。

前項で、運気を上げるには部屋のどの方向に何を置くか何を飾ったらよいかについて説明しましたが、運気アップのデスクの配置は理想的には部屋の中心から見て東または東南がよいとされています。ただし、オフィスや学校などであらかじめデスクの配置や向きが決まっていたり、家の中でも間取りのつごうによって必ずしも東や東南向きに置くことができないケースのほうが多いでしょう。

風水では、デスクに座っているときに正面を北方位と考えます。デスクの中心から見て、向こう側が北、イスのあるほうが南です。自分のデスクやデスクまわりを風水的にもう一度見直されてみてはいかがでしょうか。

●北……デスクの正面

通常はパソコンを置いている人が多いでしょう。パソコンから出る電磁波は悪い「火の気」と考えられ、それを緩和するのが「木の気」です。デスクトップの背景（壁紙）を草や気、花の写真にするとよいでしょう。そして、一か月に一度は背景を変えると、停滞した気を動かすことになり、よい情報が飛び込んでくるようになります。

北は「社交」を象徴する方位で、携帯電話などを置いておくと、人間関係の改善に役立つとされています。

●北東……デスクの右斜め向こう

パソコンの右隣の位置ですが、いわゆる「鬼門」の方角です。パソコンからの電気コード類などでゴチャゴチャになりやすいので、きちんと整頓しておくように心がけます。

北東は「継承」を代表する方位で、地位が上がったり、出世に結びつきやすいといわれます。仕事の資料などを置くときは、寝かせて積み上げるのは厳禁です。不要な書類はいちばん下になりがちで、それによって気が滞り仕事運などを引き寄せない原因をつくってしまいます。必要な書類はファイルやバインダー、クリアファイルなどで立てかけて整理することが大切で、気が通りやすくなり、運気を呼び込むことができるのです。

●東……デスクの右側

仕事に関係する運と関係が深い東は「発展」を象徴する方位です。仕事がなかなかうまくいかない、なかなか結果が出ないと考えているときは、東の「気」をうまく取り入れるようにします。東はまた、意欲や成長と関係があり、自分にとって希望や未来を暗示するものを置くとよいでしょう。具体的には小さい地球儀などです。

●南東……デスクの右手前

通常、デスクの右手前には、引き出しが付いていたり、キャビネットを置いているケースが多いでしょう。書類、文房具などが入っていますが、きちんと整理しておくことが大切です。

南東は「幸運」を象徴する方位で、電話、携帯電話を置くのによいでしょう。北に携帯電話を置くのは人間関係の改善のために、南東に携帯電話を置くのは会話が円滑に進み、仕事などでの打ち合わせがスムーズに運ぶといわれています。

●南……デスクの手前

南は「名誉」を象徴する方位で、デスクトップの下についている引き出しには、これから使うことが予想される書類や名刺、ノートなどをしまっておくようにします。使用後の書類は、デスク右側の引き出しに移すようにします。もちろん、不要になったものは捨てることが大切です。

机の下などに私物のバッグやカバンを置く人がいますが、これは避けるようにします。バッグやカバンはロッカーに置くようにしますが、ロッカーがないときは、バッグハンガーやイスの背もたれを使うとよいでしょう。

●南西……デスクの左手前
南西は「家庭」を代表する方位で、家族の写真や、家族から頂いたプレゼントなどを置いておくとよいでしょう。また、「忍耐」にも関係しますので、長期的に取り組んでいる語学研修や資格取得関連のものを置くようにします。

●西……デスクの左側
西は「収入」を代表する方位で、財布や小銭入れなどを置くには最適の場所です。「金の気」アップにつながるので、金属製の置物やクリスタル製品もよいでしょう。ただし、娯楽にも関連する方位ですので、散財にも注意しなければなりません。

●北西……デスクの左斜め向こう
北西は「独立」を代表する方位です。会社のものは置かないようにし、自分だけの小物を置くようにします。また、北に置くことの多いパソコンから出る電磁波を緩和するために「木の気」を送る観葉植物を置くとよいでしょう。もちろん枯れた葉っぱなどはすぐに取り除くよ

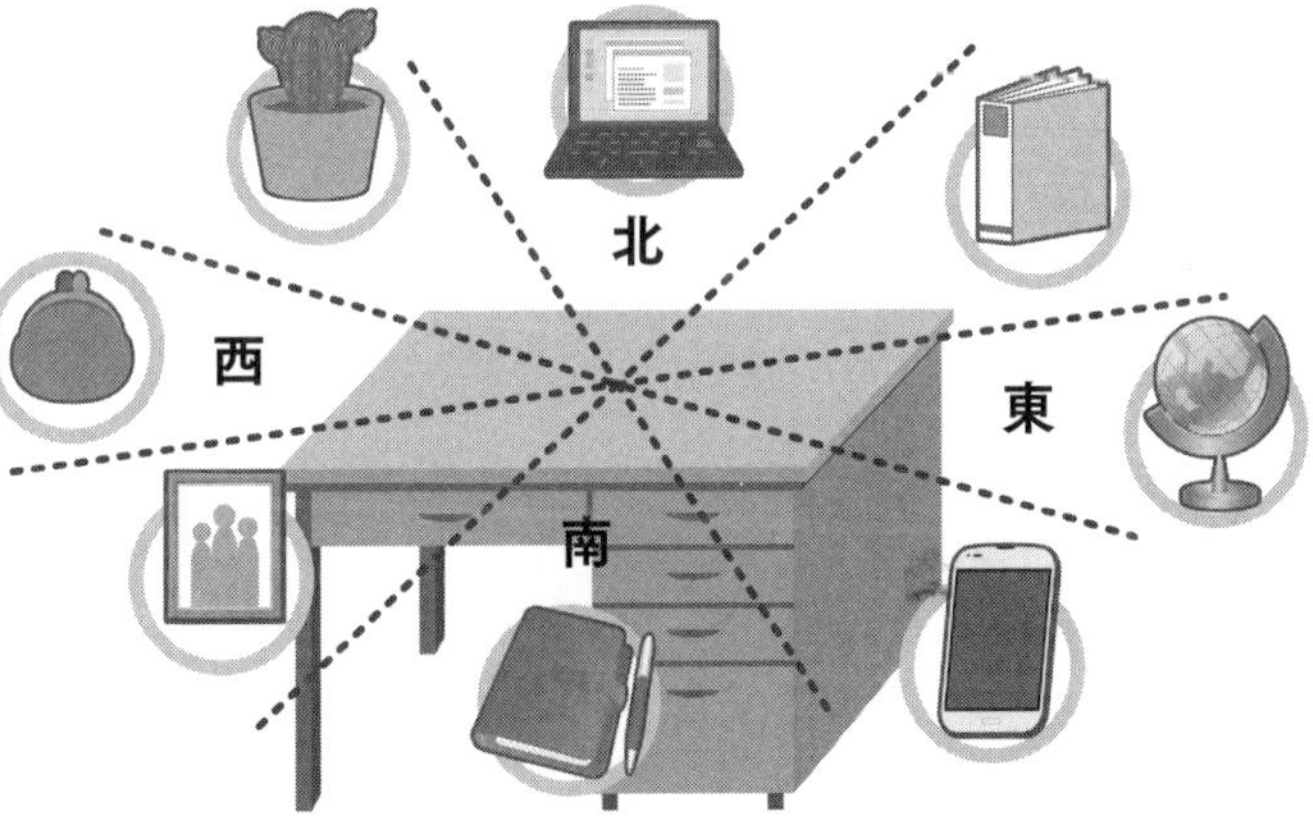

うに手入れします。なによりも植物がもつ「生気」があなたの運気を育て、癒しと安らぎを与えてくれるのです。

観葉植物を置くのが難しいときは、炭を和紙などで包んでおいても効果があります。

4. 気の通り道、玄関を考える

玄関は家の顔とでもいえる大切なところです。風水では、幸運を呼ぶ気がその家に入ってくるかどうか、家と外との通り道にあたる玄関がきちんと掃除されてなく、靴などが脱ぎっぱなしになっていては、見向きもされずに逃げ出してしまいます。

靴は外界の汚れなど悪い気がついていますので、玄関に出しっぱなしにしたり、靴の汚れをそのままにしていては、悪い気を呼び寄せることになってしまうのです。さらに、濡れた傘や、壊れた傘も悪い気を呼び込むことになります。傘の水滴は必ず外で払って、乾かしてからしまうようにし、壊れた傘はすぐに修理するように心がけましょう。また、玄関が暗いと、悪い気が集まっていやすくなりますので、スタンドを置いたりして照明をできるだけ明るくするようにします。

人形や小物などを必要以上に飾りつけたくなりますが、これも禁物。人形は気を吸い込みやすい性質があり、あまりたくさんの人形を玄関に置いておくと、家の中に入ってこられなくなるのです。人形を飾るときはリビングなどにし、玄関には一つか二つぐらいにとどめておくようにします。すぐに出すのだからと、古新聞やゴミを置くのもダメです。悪い気に満ちたものを玄関に置くのはご法度です。住む人の運気に重大な影響を及ぼしかねません。

花や観葉植物を飾るところもありますが、ドライフラワーやアートフラワーはいわば「死んでいる花」なので、陰気がこもるため、注意します（一部ドライフラワーでもよいところはあります。後述参照）。生花を飾るようにし、水は毎日取り替えるようにしてください。風水では「植木は難を防ぎ、花は難を隠す」という言い伝えがあります。花や観葉植物などを飾ることでよどんだ空気や邪気を浄化する働きがあるのです。

鏡を玄関に置く場合に注意しなければならないのは、玄関の正面にはもってこないようにします。鏡には良い気も悪い気も跳ね返す力があり、せっかく入ってきた良い気が跳ね返されたのではたまりません。左か右の壁にかけるようにします。建物の構造上どうしても正面に鏡を設置するとき（窓でも同じです）は布などで覆う（窓ならカーテン）ようにしてください。

玄関が家の中心から見てどの方角にあるのかによって、それに適した幸運を呼ぶ風水があります。

①北の玄関……風水では「秘密」の方位で、北向きの玄関は日が入らなく、暗くなりがちですが、採光や照明を工夫して明るく保つようにします。明るいグレーかアイボリー調の色彩でまとめ、ピンク色のもので飾るようにします。飾るものは、ガラス製品の魚がよいでしょう。魚は出世の象徴で、繁栄のシンボルでもあります。

②東北の玄関……東北の玄関は風水では貯蓄と大きく関係してきます。白を基調にし、淡い紫色をポイントにするとよいでしょう。小さくてもよいので骨董品を飾るようにすると、幸運の気を呼び寄せ

ることができます。

③東の玄関……風水では「発展」を表す方位で、東向きの玄関はやや明るく保つのがポイントになります。藍色または黄緑色の色調でまとめ、白やアイボリーのものを飾るようにします。飾るものは、風鈴や竹製品、籐製品で、より幸運を呼び寄せることになります。

④東南の玄関……風水では「幸運」や「愛情」を表す方位で、東南向きの玄関は暗さを嫌うため、できるだけ自然光などで明るさを取り入れるようにします。藍色または濃いグリーンを基調とし、薄いグレーや淡い黄色のものを飾るようにします。香りのある生花や、ここだけはドラフラワーでも大丈夫です。

⑤南の玄関……風水では「名誉」や「知性」を表す方位で、基調となる色は薄紫色で、緑色をポイントに配置するようにします。カレンダーをかけ、入ったときに点灯する小さいライトをつけると、より運気がアップするでしょう。

⑥西南の玄関……風水では「女性の運気」「勤勉」を表す方位で、白または黄色を基調として、薄い紫色をポイントとなるようにします。華美な装飾は避けるようにします。置くものは、陶器の花瓶がよく、幸運のエネルギーをもたらせてくれます。

⑦西の玄関……風水では「収入」や「楽しみ」を表す方位で、基調となる色は白で、ピンク色でもよく、明るい黄色を配置するようにします。地味よりも若干ゴージャス感を意識した絵や写真を飾るとよいでしょう。時計を置くと、よりのエネルギーが強くなります。

⑧西北の玄関……風水では「一家の主」を示す方位で、「財産」にも関係してきます。白とか薄いグレー、ベージュ色を基調として、クリーム色や黄色を配置するようにし、バカラなどの置き物で高級感を醸し出すようにします。高級な花（ランなど）を飾るのもよいでしょう。

5．ご主人に家に居たい、帰りたいと思わせる間取りとは

家の間取りは、単に運勢や家相に頼っていてはおかしなものになりがちです。方位だけでなく、道路や隣家との位置関係、家族構成などによって決まってきます。とはいえ、基本となる風水の考え方を説明しておきましょう。

①台所は明るく開放的に

台所は、家族のエネルギーをつくりだす場所で、楽しく食事をつくり、食べることが求められます。そのため、家族の和を図る大切な場で、空気などをよどませないためにも、明るく開放的なキッチンにします。食事は必ず夫婦や家族で一緒にとるようにします。このときできるだけ会話をするとよいでしょう。

②リビングのソファの配置

リビングは居心地がよく、気持ちよい空間であることが求められます。家族や来客が集まり、自然と会話も増えてくるような場でなければなりません。そのために、2～3人掛けのソファが一つだけでは、座る場所も限定され、家にいることが苦痛になってきます。ソファは2～3人掛けのほかに一人用のパーソナルソファなども配置するようにします。

スペース的に2～3人掛けのソファが一つしか置けない場合でも、両サイドには小さいテーブルなどを置くようにします。

③書斎は家の中央に置かない

家の中央は人が集まりやすい場所でなければなりません。家族団らんの場であるリビングが中央にふさわしく、夫専用の書斎などを配置すると、かえって一家がバラバラになりやすくなるのです。

④ベッドの位置に注意

日本ではベッドを一方が壁に接するように置くことが多いようですが、このとき、壁側に夫、妻は壁の反対側にすると、夫は毎晩閉じ込められているように感じ、外に救いを求めるようになります。これは布団でも同じことで、夫を壁側に閉じ込めないようにすることが大切です。

できることなら、ベッドの両側には小さいテーブルなどを置いて壁につけないようにするとよいでしょう。

⑤寝室の鏡はドレッサーだけにする

寝室の壁を鏡で囲んだり、多めに配置することがありますが、これは慎まなければなりません。人は寝ている間に、その日に使った運を補います。そのため、寝室が掃除をしないで汚れていたり、一日中カーテンで閉めっぱなしにしていたりしないことが大切です。また、寝室に鏡が多いと、自分が受けるはずだったよい気を鏡の中の自分にもっていかれてしまうだけでなく、健康にもよくなく、夫でも妻でも浮気しやすくなるともいわれています。寝室にドレッサーを置くのはよいのですが、鏡は三面鏡ではないほうがよいでしょう。

⑥家の前は広々と

家の前の見通しが建物などに遮られていると、その家にいるのが苦痛に感じるようになります。できるだけ広々とした空間を設けるようにします。

6. 夫婦仲を高める風水

①夫婦の心を一つにする風水

寝室の西南方向に夫婦お揃いの服を重ねてかけます。夫婦の間の心が影と形のようにいつも離れないようにしておくためです。このとき、男性の服は外側、壁に近いほうを女性の服にしますが、夫が妻に押さえつけられるのを防いでいます。

切です。

②子宝に恵まれる風水

風水では、気の流れを非常に大切にします。そのため、どんな場所でも常に清潔にしておかなければなりませんが、特に寝室やベッドまわりはこまめな清掃を心がけてください。空気の入れ替えも大切です。

寝るだけだから、つい面倒だからといって、掃除をサボっていると、良い運気が訪れることはないのです。ホコリがたまっていたり、モノがかたづいていないところでは、気が流れずによどんでしまい、いくら子宝を望んでも、なかなかかなうことはありません。

また、パジャマやシーツ、まくらカバーなどの寝具類はこまめに洗濯しておくことも必要です。布団や毛布などは天日に干せるときはきちんと干すようにします。なによりも日に当たった寝具ほど心がなごみ、気持ちがよいものはありません。じめじめと湿った寝具では運気がとどまることはなく、気分も憂うつになってしまいます。

子宝に恵まれるためには、寝室を家の北側につくるようにするのが理想です。北の方位は、風水では受胎の方角で、人の生誕に深い関係があるといわれています。ただし、家の間取りのつごうによって、必ずしも北側に寝室を設けられないことがあるでしょう。そういうときは枕を北側に置いて寝るようにします。日本では古くから北側に枕を置いて寝る「北枕」は縁起が悪いとされていますが、風水では、頭から「運気」を吸収し、さらに寝ている間に体にたまった悪い気を流し去ってくれる最良の位置とされているのです。

ベッド脇にキャンドルを置くのも効果的です。なによりもキャンドルの灯りはロマンチックな気分にさせてくれますし、寝室全体を暖かい雰囲気に包み込んでくれます。香りつきのキャンドルもよいでしょう。ただし、キャンドルの消し忘れや火災には十分に注意してください。キャンドル型の電気スタンドでも効果はあります。

また、ベッドカバーやシーツ類、カーテンはピンクやオレンジなどの赤系の色にしますが、これは愛情運を高める効果があるとされます。ブルーやグレーといった寒色系の色では子宝運を下げてしまい、女性の体を冷え性にさせてしまうので、控えるようにします。

妊娠したからといって、それで満足してはいけません。無事に生まれてこその子宝です。妊娠後も子宝運を下げないように、掃除、整理整頓、洗濯などは妊娠前と同じようにしっかりと忘れないで心がけてください。

結婚して8年になるがなかなか子宝に恵まれない女性が相談にみえられたことがあります。話を聞いていると、夫婦仲は悪くはなさそうなのですが、風水的に問題があることがわかりました。寝室の位置が南側にあり、北側の部屋は日が当たらないので、不要なものが詰まった物置状態になっているといいます。北側から「運気」が流れてくるのですから、物があふれて片づいていない状態では、せっかくの運気も逃げ去ってしまいます。寝室をその北側の部屋にして、整理整頓を心がけるように伝え、さらに暖色系の色でインテリアをまとめるようにと進言したところ、半年ほどして、その女性から妊娠したと喜びのメールをいただきました。そして、1年後には、元気な赤ちゃんの写真が送られてきたのです。

③恐妻家の夫に勧める風水

かつては男性中心の社会でしたが、近年では女性の地位が向上し、もはや男女平等が当たり前の世の中です。女性が男性の上司になることも珍しくなく、また家庭内でも奥さんの力は強くなり、男性は会社でも家でも辛抱の日々が続きます。そんな男性向けの秘伝は――。

・寝室の西南方向に丸い花瓶を置きます。西南は女性の方位で、そこに特に花は生けてなくても、また小さくてもよいので花瓶を置きますが、目立たなくても構いません。①では夫婦が心を一つにして同じ方向に歩むために洋服をかけることを勧めましたが、ここでは奥さんを優しくさせるための風水です。

・寝室の西北方向にタンスや物入れを置き、その中に下着を入れます。西北方向は男性の方位で、そこに奥さんに見つからないように、奥さんの下着を下に、自分の下着は上にしてしまいます。

・玄関から家の中に入って左側に、風水グッズの一つで、権威の象徴でもある木剣を隠しておく。（→▼下の写真参照）

④夫婦仲が悪くなる風水とは

家の間取りなどによって夫婦仲が険悪になる風水があります。こういう間取りや配置には注意し、できることならすぐ改善するようにしましょう。
・マンションなどでエレベーターの前に玄関がある住戸――引越しをするしかありません。
・古くなった家などにみられる玄関ドアがちょっと傾いている家――ドアのリフォームをすぐに実行しましょう。
・仏壇の後ろにトイレがある――仏壇の置き場所を変えるようにしましょう)。
・玄関から入ってすぐベッドが見える――カーテンなどで見えないようにすしましょう。

⑤夫婦仲をよくする風水とは

前項で夫婦仲が悪くなる風水を紹介しましたが、ここでは夫婦仲がよくなる風水についてみてみましょう。
・キッチンの出入り口のカーテンやのれんは、長さが不揃いのものを選ぶ。
・キッチンは常にきれいに清潔にしておく。
・ベッドの下の四隅を赤い糸で囲む。
・ベッドの後ろに笛を立てかけておく。

7．健康によい家はここがポイント

いつまでも疲れがとれない、気がやすまらない、気分が落ち込みやすい、病気がよくならない、寝つきが悪い、ぐっすりと寝たような気にならないといった健康上に悩みを抱えているときは、風水によって解決できることがあります。

①ぐっすり眠れる寝室とは

なかなか熟睡ができない、眠れない、眠りが浅い、いくら寝ても疲れがなくならないというときは、「子宝に恵まれる風水」（60ページ）でも説明しましたが、寝室をきれいにしておくことが基本です。まずは清掃がポイントになります。

そして、日本では運が悪いといわれる北枕がお勧めです。

地球には北（N極）から南（S極）へと磁力線が流れていますが、これが体の気の流れに大きく影響を及ぼしているのです。そのためこの磁力線に沿って頭を北に、足を南方向に向けることで深い質の良い眠りにつくことができるのです。

ベッドの素材では、天然木がベストですが、木製であればよいでしょう。絶対に避けたいのはスチール製です。丈夫で安価なスチール製のベッドが近年人気になっていますが、スチール製だと電磁波や微弱な電流を流して正しい磁力線の流れを変えてしまうことになるからです。これでは、寝ている間にストレスがかかり、安眠できない原因になります。スチール製のベッドを使うには、スチールの箇所を布などで巻き付けて電流の流れを止めてしまうようにします。

ベッドではなく布団派では、素材が化学繊維や合成繊維を避け、できるだけ天然素材のものを選ぶようにしましょう。

寝るときの寝室の照明も大切です。よく真っ暗でないと寝られないと、すべての灯りを消す人がいますが、真っ暗な部屋は陰の気がこもってしまうので、健康にはよくありません。寝室は、昼間に部屋の中に取り入れた運気を夜寝ている間に自分が受け取る場所です。せっかくの運気を勢力が増した陰の気にかき乱されてしまう危険性があります。なにも、こうこうと灯りをつけたままにしておけばよいというのではありません。スモールランプや足元灯などをつけて部屋の灯りを完全に落とさないようにするとよいでしょう。そうすれば、夜中にトイレなどで起きたときにも、なにかにつまづいたりしないですみます。

また、カーテンやベッドカバー、シーツなどの色はピンクあやオレンジなどの暖色系がよいのですが、このとき、蛍光色は避けてください。精神的に落ち着かない気分にさせられ、いつまでも疲れが抜けない寝室になってしまいます。また、モノトーンが流行だからといって、黒や灰色、また白でコーディネートするのも避けるほうが無難です。真っ暗な部屋と同じように陰の気が強くなってしまいます。さらに、カーテンがいつも閉めっぱなしもダメです。どうせ夜寝るときは閉めるのだからと、朝起きたときも開けずに一日中閉めっぱなしという人がいますが、せっかくの運気をとりいれることができないだけでなく、気の流れも停滞したままになってしまいます。換気することで、部屋のよどんだ空気は流れ、衛生上もよくなるのです。

②健康家族を支えるキッチンとは

キッチンは、私たちが生きていく上で欠かすことのできない食事をつくるところです。ここも寝室と同じように、清潔できちんと整理整頓がなされていなければなりません。直接口に入れるモノをつくる所ですから、汚れていたり、非衛生的であるのは絶対に避けなければなりません。

キッチンといえば、さまざまなゴミがどうしても出てきます。特に生ゴミはそのまま放置しておくと、悪臭の元になります。生ゴミからは悪臭だけでなく、悪い気が発生し、それがキッチンから家の中に広がり、家族全体の運気に影響を与えることになるのです。ゴミはできるだけ家の中に置かないようにしてください。といっても、ベランダやバルコニーなどに袋に入れたまま置いておくのは感心しません。フタ付きのゴミ箱に入れ、ゴミの日までにしっかりと管理しておきます。さらに、日常生活の中でゴミを減らすのもよいでしょう。

さて、キッチン内は「火」と「水」が共存する場です。コンロやオーブン、ＩＨヒーターなどの「火」と水道から水が出るシンク、冷蔵庫などの「水」は本来、五行では相剋の関係にあります（31ページ参照）。相反する性質をもった「火」と「水」をケンカしないように配置することが健康家族を支えるキッチンになるのです。火を扱うコンロと水が流れるシンクを隣同士や向かい合わせにならないように配置します。通常はコンロとシンクの間には調理する場が設けられていることが多いのですが、そうでないときは仕切り板などを置くようにします。また、小さめの観葉植物を置いてもよいでしょう。観葉植物の「木」は「水」とも「火」ともそれぞれ五行の相生関係にあるからです。

シンクの向かい側には冷蔵庫を、コンロの向かい側にはオーブンやトースターなどを置くようにします。コンロの向かいに冷蔵庫を置いたり、シンクの向かいにオーブンなどを置くのは避けなければなりません。

冷蔵庫の上にトースターや電子レンジを置くのも厳禁です。スペースの関係でどうしても置かなければならないときは木製の仕切り板を置くようにします。

キッチンに欠かすことのできない包丁やハサミですが、最近はキッチンの壁など見えるところに置くことがありますが、これは絶対に避けてください。先の尖ったものは風水では見えないところに置くことが求められているのです。見せるキッチンツールは、お玉やフライ返し、泡立て器など先の尖っていないものに限定するようにしましょう。

洗いっぱなしの食器はいつまでも水切りかごやシンク横に置いておかないようにします。運気まで洗い流しっぱなしになってしまうので、洗い終わったものは水気を切ったら、きちんと拭いて食器棚に片づけるようにしましょう。

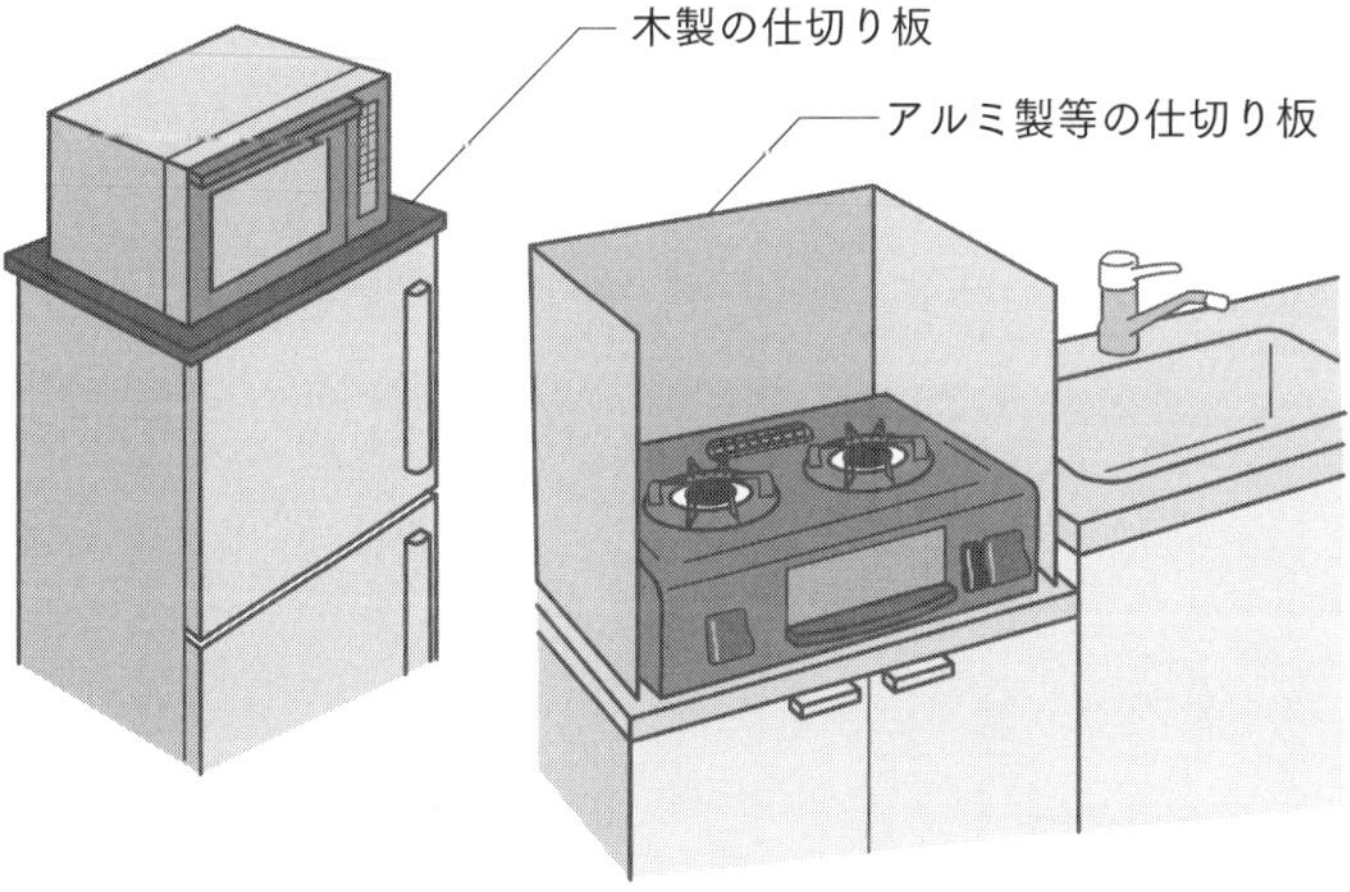

8. こうすれば「独身」に別れを告げられる

30歳を過ぎた未婚の女性、あるいは結婚していても子どものいない女性は、いまだに白眼視されることがあります。職場でキャリを積み、事業で業績を上げても、適齢期を過ぎた未婚の女性は、周囲から冷めた目で見られることが多いのも事実です。

令和元年の国勢調査では、全国で30歳の未婚女性は61・3％にも達し、30歳を過ぎて5年以内に結婚できた女性は3人に1人、10年後も半分の女性が未婚のままという統計結果が出ています。35歳を過ぎると極端に結婚率が下がり、「35歳までに結婚できればいいや」と強がっていても、情勢は難しくなるばかりなのです。また、40歳を過ぎて5年以内に結婚できた女性は1％程度と極端に少なくなります。女性で生涯独身は10％を超えているのです。

この傾向は女性に限ったことではありません。30～35歳の男性の未婚率は46％で、10人に4～5人は独身で、生涯独身は20％を超えています。人口の減少と高齢化が大きな社会問題になっていますが、晩婚化、未婚化も今後解決していかなければならない喫緊の課題でもあるのです。

その背景には、従来の価値観――子どもを産み育てることが女性の幸せである――が大きく変わってきていることが挙げられます。経済的に自立できるのだからといって生涯独身を通すのも一つの選択肢ですが、夫婦の情愛や家庭の営み、子どもを産み育てる楽しさは人間が人間であることの証しでもあるのです。

なかには、独身で通そうと考えてもみなかったけど、良縁に巡り合わなかったという人もいるでしょう。ここでは、良縁を招く方法を紹介します。独身生活から別れを告げるいい機会です。この方法は男性にも適用できます。

・ベッドの左側にバラの生花を、右側に香りのある赤いキャンドルを置きます（布団でもできます）。

・桃の木の葉、樹皮、枝、根を乾燥させたものを赤い袋に入れてベッドの下に置きます。

・ベッドの四隅と中央にバラの生花を置きます。

9. 恋愛運・結婚運を高める「桃花位」

①恋愛運をアップさせるには

風水では恋愛運に強く関係するのが「桃花位《とうかい》」という方位です。中国では恋愛のことを「桃花《タオファ》」と呼び、恋人ができたときなどは「桃花運がやってきた」と喜びます。桃花位は恋愛運や家庭運をアップに効果があるとされますが、生まれた干支によって異なります。ここで紹介した運気アップの方法は女性だけでなく、男性でも有効です。

・午・戌・寅……東

・子・辰・申……西

・酉・丑・巳……南

・卯・未・亥……北

自分の桃花位が決まったら、その方位にある部屋を寝室にし、その方向にベッド（布団でも同じです）を移します。自分の部屋が決まっていて、寝室を移せないようなときは、その部屋の桃花位にベッドを移動します。そして、寝る前に、好きな人と一緒にいるところを強くイメージしてください。

さらに、赤い水晶を置けば、より運気がアップします。

②早く結婚するには

恋人がいて、早く結婚したいと思っていても、なかなか結婚できないことがあります。相手が優柔不断だったり、家庭の事情があったり、また経済的な問題を抱えていたりと、その原因はさまざまでしょう。そういうときに役立つ風水が、桃花位を用いた「花卉（かき）風水」です。

前述の①の桃花位で寝室やベッドの置き場が決まったら、今度は花を飾ります。何色の花がよいのか、どのような花瓶に活けるのかは次の風水に従ってください。

・午・戌・寅……東……緑、藍色…………木製
・子・辰・申……西……白色……………プラスチック製
・酉・丑・巳……南……赤、ピンク色……金属製
・卯・未・亥……北……淡黄色…………ガラス製

毎日水を替え、花はしおれたり枯れたものはすぐ取り替えましょう。ドライフラワーや造花はダメです。

③新しい恋愛がしたいときには

恋人がいなかったり、失恋の傷もやっと癒えて新しく恋愛を始めたいと思っている人に最適の風水があります。風水では色にそれぞれの気があると考えられていて、恋愛運に欠かせないのがピンク色です。ピンク色には、若返りの効果や女性ホルモンの分泌を盛んにするなどの働きがあります。

部屋にピンク色のものを配置します。例えば、ベッドカバーや枕カバー、カーペットなどです。窓は外とつながっているので、風水的にはここを重視します。カーテンをピンク色にするのがいちばんですが、普通の左右に開けるカーテンでは陰の気が強くなりすぎてしまうので、ロールカーテンにするとよいでしょう。

ピンク色を配置する方法は男性でも有効ですが、何から何までピンク色にするのでは抵抗があるでしょう。置物やクッションカバーなど一部にピンク色のついたものにすれば、すんなりと受け入れやすくなります。

④パートナーの「浮気」をやめさせるには

かつては浮気は男性の専売特許といわれてきましたが、最近では女性の浮気や不倫も多く、パートナーの浮気や不倫をなんとかやめさせたいという相談が増えています。

五行の相生と相剋の関係を利用する方法があります。生まれ年の五行によって、異性の感情抑える色の下着や洋服を身につけさせる方法です。

干支	五行	身につけさせる色
子	水	黄色系、赤色系
丑	土	緑色系、青色系、黒色系
寅	木	黄色系、白色系、金色系
卯	木	黄色系、白色系、金色系
辰	土	緑色系、青色系、黒色系
巳	火	白色系、黒色系、青色系
午	火	白色系、黒色系、青色系
未	土	緑色系、青色系、黒色系
申	金	赤色系、緑色系
酉	金	赤色系、緑色系
戌	土	緑色系、青色系、黒色系
亥	水	黄色系、赤色系

また、風水グッズの木剣を壁などに飾る方法もあります。生まれた年の干支によってその方位が変わってきます。

・子・丑・亥……北に掛ける
・申・酉・戌……西に掛ける
・巳・午・未……南に掛ける
・寅・卯・辰……東に掛ける

⑤嫉妬心をプラスのエネルギーに変える

だれでも恋愛していると、強い嫉妬心や独占欲にかられます。妬みや嫉妬はちょっとしたことで疑心暗鬼にかられ、相手を傷つけたり、さらには些細なことで争い、互いの仲が修復不可能になったりして、恋愛が正常に進んでいくのを妨げる大きな要因になるのです。

中国では嫉妬心など恋愛の妨げとなるものを「恋愛邪気」と呼びますが、これを取り除くのに用いられるのが、柑橘系の精油を使ってアロマポットや香炉などで香りを出すことです。とくに、ベルガモットやレモン、オレンジなどが効果があります。

10．災を福に転じる開運法

地球は、太陽が当たっているほうは昼間で、反対側は夜ですが、これが永遠に続くことはありません。昼はやがて夜になり、夜はやがて昼になります。易の考え方もこれと似ています。

私たちの長い人生の中で、順調なときと苦境のときは交互に訪れるのです。順調なときは過剰な自信とおごりに陥りやすくなり、本来ならその後に必ず待ち受けている苦境に備えていなければなりません。反対に、苦境に陥っているときはただ失望するのではなく、やがてくる光明のときを思って根気よく乗り越える努力をしていれば、苦境は間もなく消え去るでしょう。

「幸運がいつまで続いてくれるのか」また「不運がいつになったらなくなるのか」わからないので失望や迷いが生じてくるのです。もし、幸運をできるだけ長引かせ、不運を早く通り抜けさせることができれば、問題はないのですが……。ここでは、干支別の簡単な方法を紹介しましょう。

①幸運を呼び込む洋服の色

不運が極みに達したとき、いわば不幸のどん底にいるときに幸運を呼び込む方法があります。開運色の服を身につけることで、幸運を呼び込むことができるのです。開運色は、生まれた干支によってそれぞれ異なり、磁場エネルギーの力を借りて不運を追い払います。

・子、亥年生まれ……白色を身につける
・寅、卯年生まれ……青色を身につける
・巳、午年生まれ……緑色を身につける
・申、酉年生まれ……黄色を身につける
・辰、戌、丑、未年生まれ……赤色を身につける

②風水グッズを家の中に置く

私たちがいちばん多くの時間を過ごすのは家の中です。家の中の磁場エネルギーは住んでいる人に大きな影響を与えます。そのため、最大限にエネルギーを強くして幸運を呼び込むには、その人にあった装飾品を置くことが大切です。装飾品は、生まれた干支によってそれぞれ異なっています。

・子、亥年生まれ……透明な水晶玉
・寅、卯年生まれ……磁器の花瓶
・巳、午年生まれ……梅の植栽（鉢植えの梅）
・申、酉年生まれ……黄色い琉璃（るり）石

・辰、戌、丑、未年生まれ……赤いリンゴ

③金運アップの方位とは

風水では金運がアップする方位が決まっています。財布や預金通帳、小銭入れ、証券類など、金銭に関係するものは西北方向にある部屋に置いて金庫などで保管するようにします。もちろん宝くじもおすすめです。ただし、置くだけでなく、きちんと掃除をしてよい気を取り入れるようにしなければなりません。

また、家の間取りの都合でどうしても西の方向がダメなときは、北でも構いません。西で呼び込んだお金を北でしっかりと貯めることができるのも風水の特徴のひとつです。北は五行では「水」に関係し、水は風水ではお金のシンボルとされているからです。ところが、絶対に避けなければならないのが南です。南は五行では「火」に属し、お金を燃やすことにつながりかねないからです。

さらに、金運アップの風水グッズとして、中国では龍や虎の置き物が人気があり、日本でも徐々に人気ができてきましたが、決して後ろ向きに置かないように気をつけてください。

11．うつ病に効果がある家とは

うつ病は、世界保健機関（ＷＨＯ）の調査では１００人中３人という統計があるほど、現代人の「心の病」といっても過言ではありません。うつ病によって体調を崩し、自殺に至る例もあります。うつ病に苦しむ人の多くが、体裁を気にするあまり、医療機関を受診しないためどんどん病状が悪化

家（玄関）の向き	風水グッズ	置く場所
南	雙龍搶珠 	真東
北	筆架毛筆 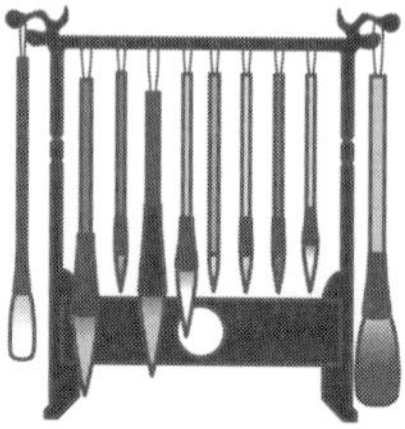	東南
西	圓形水晶 	真北
東	獅頭咬劍 	西北

家（玄関）の向き	風水グッズ	置く場所
西南	圓形石頭 	中央
東北	大肚花瓶 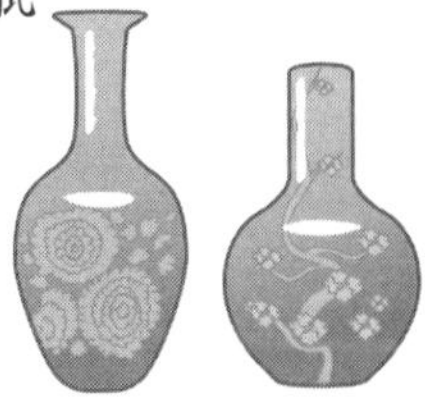	西南
東南	雙獅搶球 	真西
西北	雙麒麟朝陽 	真南

■問い合せ先
　ホームページアドレス　http://www.taiwan-ane.com
　電話番号　090-4943-3478
　メールアドレス　taiwan.ane@gmail.com

することもあるのです。

眠れない、食欲がない、気分が落ち込む、何をしても楽しめないといったことが続くと、うつ病にかかりやすくなります。うつ病は、精神的ストレスや身体的ストレスが重なることなどで誰でもなる可能性のある病気です。ものの見方が否定的になり、自分がダメな人間だと感じてしまいます。そのためいつもなら簡単に乗り越えられるストレスも、より重くつらく感じてしまうのです。

うつ病の代表的な症状は「憂うつな気分」や「気が重い」状態が一日中あって、それが長期間続くことです。このような気分や気持ちになるのは、家の中の様子と無関係ではありません。家の中が汚く、散らかり放題だと、気持ちも落ち込み憂うつになっていきます。このようなとき、家の中を掃除し、モノを整理し、室内空間を広くします。また、風通しをよくし、新鮮な空気と光を取り込むことで気持ちも前向きになってくるのです。外に出て散歩して太陽光を浴びたり、自然の多い森の中で植物の香りを吸収することもうつ病の改善に役立ちます。気持ちを明るく、広々とさせることを根気よく続けていけば、自然に治るものです。

さらに、うつ病の予防や改善に効果がある風水があります。家（玄関）の向きによって、決められた風水グッズを家の中に置く方法です。

12. 風水で決める理想的な子ども部屋の配置とは

子どもが寝起きして、生活をして長い時間過ごすことになるのが子ども部屋です。その部屋の運気が子どもの成長に大きく関わってきます。勉強をしない、遊んでばかりいる、親に口ごたえする、引きこもりになる、不登校になるなど、その原因の一つに子ども部屋の配置が影響しているのです。家の中心から見て、どの方角に子ども部屋を設ければよいのか、どんな子に育つのか風水で判断してみましょう。

- 北の子ども部屋……北は智恵が集まる方位で、勉強するには最適な位置ですが、活動的でないのが難点です。北向きは寒くなりがちなので保温に注意しましょう。
- 東北の子ども部屋……東北は表鬼門にあたります。精力的で意志強固に育つのが特徴ですが、気があまりにも強すぎるため、机を南へ少しずらすようにすると運気がさらに上がります。
- 東の子ども部屋……男の子、それも長男には最適な方位で、何ごとにも活発な子どもに育ちます。
- 東南の子ども部屋……女の子、それも長女には最適な部屋で、温和で優しく育ちます。良運に恵まれる可能性がいちばん高い方位です。
- 南の子ども部屋……芯の強い子どもになるが、太陽の気が強く勉強に集中するのが難しいところがあります。
- 西南の子ども部屋……西南は裏鬼門にあたります。子ども部屋としてはいちばん不向きな空間です。
- 西の子ども部屋……社交的で明るい子どもに育つ空間なので女の子向きですが、勉強の面からはややマイナスです。

・西北の子ども部屋……ここは家のなかでもいちばん格のある部屋で、一家の主人の部屋にふさわしい場所です。ただし、それゆえ自我の強すぎる子どもになりがちです。

13. 風水に頼るのではなく自分でも努力を

本に書いてあるように、カーテンの色や柄はどうする、観葉植物をこっちに置いて……などと風水的によいと思われることをやったからといって、すぐに効果が上がることはありません。正しく行動に移せば、運気を好転させることができますが、それにはまず自分で最大限の努力をしなければなりません。整理整頓する、きちんと清掃するなどなど日常的に心がけなければいけないことがたくさんあるのです。それをやり続けることがまず必要です。

そして、運気が上昇する前は必ずといってよいほど、ちょっと運気が落ちます。そこを乗り越えると、上昇気流にのることができるのです。

第4章

干支と三十六生肖、九星でわかる開運法

1．干支で運気を開く

日本の干支は生まれた年によって、子・丑・寅・卯・辰・巳・午・未・申・酉・戌・亥の12に分けられています。私たち人間は生まれたときに気を吸いますが、これが運命の始まりなのです。生まれ年の干支によって、吉日（万年暦192頁以降を参照）となる日や開運につながる方位と、運気が開ける方法がそれぞれ異なっているのです。

干支　吉日	開運の方位	方法
◎子……丑	西南、東南	コーヒーを飲む
◎丑……子	東南、真西	神社へ行く
◎寅……亥	真南、西北	花束を買う
◎卯……戌	西北、西南	植木鉢を買う
◎辰……酉	真北、西南	文房具を買う
◎巳……申	真西、東北	ブティックへ行く（買わなくてもよい）
◎午……未	西北、東北	宝石店へ行く（入るだけでよい）
◎未……午	真東、西北	公園へ行く
◎申……巳	真北、東南	大きい木のある所に行く
◎酉……辰	東南、東北	食料品店へ行く（買わなくてもよい）
◎戌……卯	東北、真南	ファーストフード店へ行く
◎亥……寅	真東、西南	スーパーマーケットへ行く

2．三十六生肖――生まれた時間によって決まる運命

子・丑・寅・卯・辰・巳・午・未・申・酉・戌・亥の干支には、それに対応する動物がネズミ、ウシ、トラ、ウサギ、タツ、ヘビ、ウマ、ヒツジ、サル、トリ、イヌ、イノシシと決まっています。しかし、中国ではこの12の動物にプラスして、生まれたときが朝（0〜8時）、昼（8〜16時）、夜（16〜24時）によってそれぞれ固有の動物が割り当てられています。これが「三十六生肖」と呼ばれるものです。

干支	朝	昼	夜
◎子	ツバメ	ネズミ	コウモリ
◎丑	ウシ	カニ	すっぽん
◎寅	ヤマネコ	ヒョウ	トラ
◎卯	ハリネズミ	ウサギ	アライグマ
◎辰	竜	水竜	魚
◎巳	タウナギ	ミミズ	ヘビ
◎午	シカ	ウマ	ロバ
◎未	ヒツジ	ワシ	ガン
◎申	ゴリラ	チンパンジー	サル
◎酉	キジ	トリ	トビ
◎戌	イヌ	オオカミ	コヨーテ
◎亥	ブタ	アナグマ	イノシシ

それぞれの動物の性格は次のとおりです。

◎ツバメ

《長所》
・理想主義的
・客観的な性格
・能力があり創造力もある
・倫理観が強く適切な判断力がある
・着実な性格で信用されやすい
・人助けが好き
・向上心が強い
・温和な性格
・想像力が豊か
・周囲から好かれる性格

《短所》
・多くを求めすぎる
・消極的
・あちら立てればこちらが立たず
・不平をこぼし、批判的
・悩みやすい
・敵をつくりやすい
・妥協しない性格
・ためらいがちな性格
・神経質
・緊張しすぎで、せっかち

◎ネズミ

《長所》
・チームワークを重んじ社交的
・協調性がある
・先を見た洞察力がある

・継続力、忍耐力がある
・利口で賢い
・実行力がある
・野心的な企画力がある
・約束を守る
・熱心
・積極的に組織に貢献する

《短所》

・自信と判断力が欠如している
・分析力が弱く目先の安寧を求める
・神経質
・ケチ

・高慢なうぬぼれ屋
・臆病
・功利主義で道徳規範を守らない
・組織になじめない
・個性が強く頑固
・他人を利用し恩を忘れる

◎コウモリ

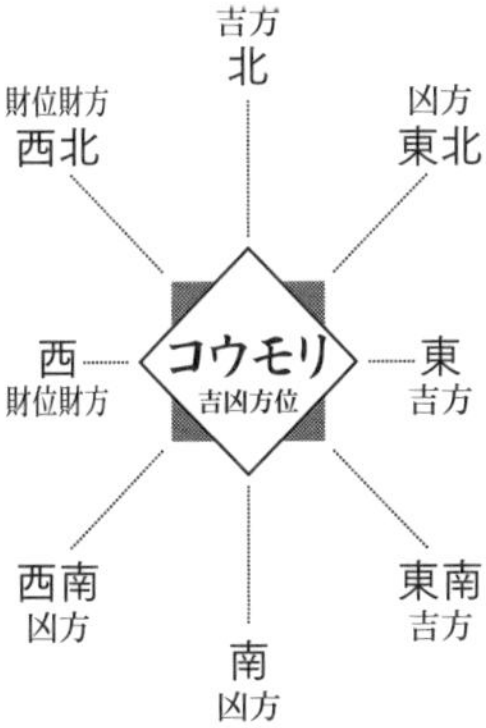

《長所》

・高遠なところに目をつける
・臨機応変な行動ができる
・人の集まる場所が好き

・人付き合いが上手
・並外れた能力がある
・思慮深い性格
・真偽を見極めることができる
・落ち着きがある
・魅力的で人の受けがよい
・説得力がある

《短所》

・昔からの言い伝えを無視する
・信頼を得にくい
・小さなことで悩み、すぐ気落ちする
・わがままで頑固
・ずる賢いところがある
・自己保身が強い
・偏った見方をする
・消極的
・傲慢

◎ウシ

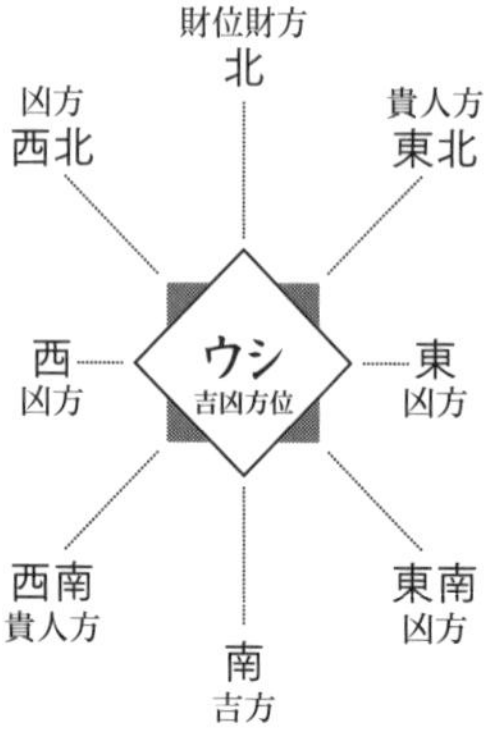

《長所》

・常に元気がある
・苦労に耐え、苦難を恐れない
・実行力がある
・どちらかというと楽観的
・向上心が強い
・苦境を逆転して成功させる
・勤勉で誠実
・他人を理解する
・謙虚で実力がある

《短所》

・自力で効率よく物事を遂行する

・頑固すぎる
・うぬぼれが強い
・体面を気にしすぎる
・困難に負けやすい
・どちらかというとわがまま
・いつまでも恨みをもつ
・気難しい
・何事も受け身になりがち
・遠慮なしに話す
・だまされやすい

◎カニ

《長所》

・守りが固い
・忍耐力がある
・知力で勝つ
・危機に強く、機知で災いを福に転じる
・情勢を先取りする
・自信がありブレない

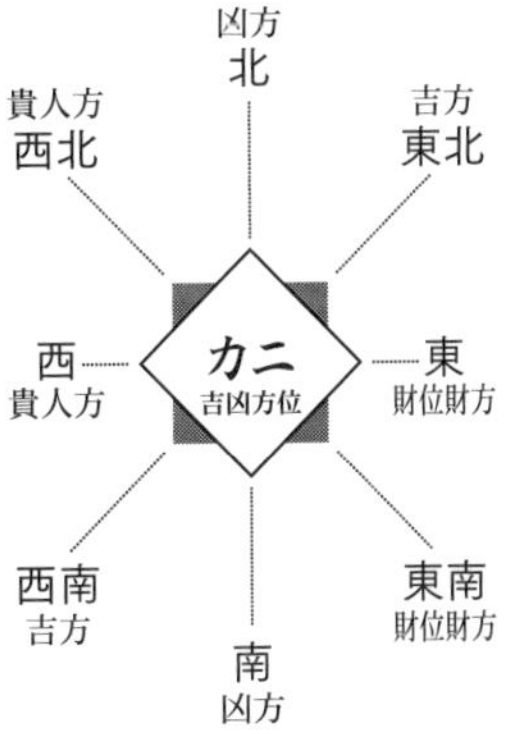

・着実
・知恵と精神力がある
・判断力に優れ、仲立ちがうまい
・強い切り返しができる

《短所》

・人の言うことを信じない
・わがままで個性が強い
・自己中心的
・争いごとが絶えない
・神経質すぎる
・態度が厚かましい
・勝気で寛容さがない

・人情に薄い面がある
・人付き合いが悪い
・態度が横柄

◎カメ

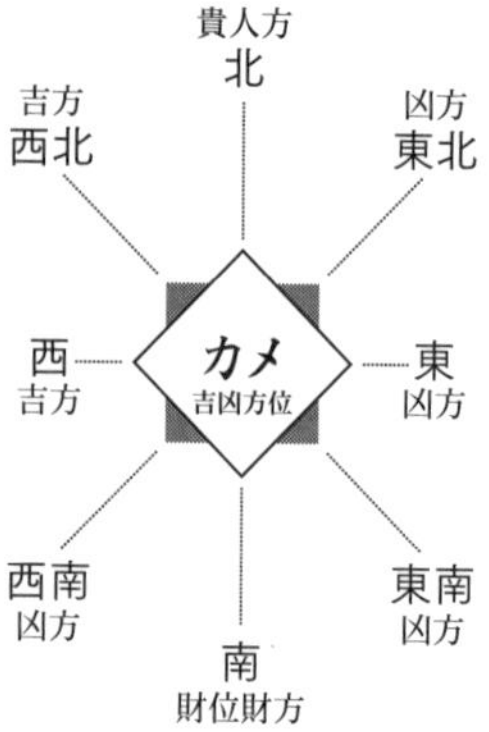

《長所》
・活発な性格
・自立心が強い
・先を読む力がある
・何事にも動じない
・賢い
・競争に強い
・理性的
・原則を重視する
・柔軟性がある
・着実に物事を進める

《短所》
・わがまま
・男女問題で波風が立ちやすい
・独断と偏見が強い
・権利や利益で言い争うことが多い
・ときとして残忍
・強情でとげとげしい
・ずる賢いことがある
・責任逃れをする
・小事にこだわりすぎて失敗することがある

◎ヤマネコ

《長所》
・何事にも慎重な性格

・ふかん的な見方ができる
・積極的で先取りできる
・守りが固い
・何事にも持続力がある
・ユーモアがある
・楽天的で朗らか
・気前がよい
・元気で勤勉
・情熱的で理想と希望に燃えている

《短所》

・おせっかい
・わがまま
・独断と偏見が強い
・せっかちで強情
・横柄な態度をとることがある
・人を信じない
・自己保身が強く排他的
・口調は攻撃的
・思い込みが激しく神経質
・策略をめぐらすことがある

◎ヒョウ

《長所》

・積極的で先取りできる

・元気があるが慎重
・機転がきき反応が早い
・根気と気力がある
・効率的で機敏さがある
・危険を顧みず責任感が強い
・朗らかで気前がよい
・上品
・勇敢
・尊厳を重んじる

《短所》
・強引で相手を徹底して責める
・わがままで横暴
・利己主義
・権利や利益の奪い合いでは手段を選ばない
・過度に思い込み猜疑心が強い
・恐れを抱き不安になる
・派手好き
・独占欲が強い
・神経質
・うぬぼれが強い

◎トラ

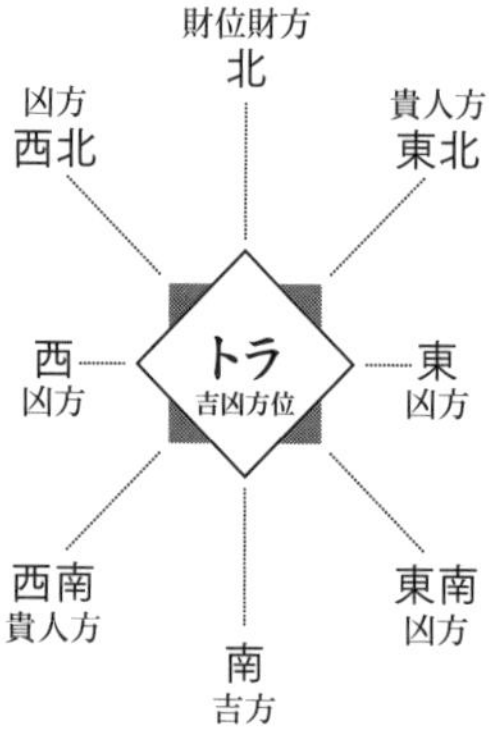

《長所》
・親しみやすい面がある
・威厳がある
・勇敢で闘争に長けている
・慎重に時期を待つことができる
・強い力を発揮することができる
・迅速で素早く行動できる
・着実に進める

・策に長けている
・潜在的な力がある
・上に立つ風格がある

《短所》
・どちらかというと偏屈
・勝ち気な性格
・ときとして残忍
・恨みがましい
・体面を気にしがち
・自分の思い通りにしたがる
・怒りやすい
・負けず嫌い
・偏見が強い
・自己中心的

◎ハリネズミ

《長所》
・くじけないで自立している
・苦難を恐れない

・冷静に物事を進めることができる
・粘り強く忍耐力がある
・責任感が強い
・慎重
・危険を避け遠回りする
・安全を第一に考える
・切り返しができる
・現実的

《短所》
・無粋
・気まぐれ
・焦りやすく不安になりやすい

・ときとして頑固
・協調性がない
・柔軟性に欠け知識をひけらかす
・ずる賢いところがある
・まどろっこしくチャンスを逃しやすい
・崇高な理想がない
・アラ探しをする

◎ウサギ

《長所》
・やさしく思いやりがある
・賢く反応が早い
・協調性がある
・情が厚い
・知恵がある
・犠牲をいとわず献身的
・沈着冷静
・魅力的
・チームワークを重んじ社交的
・自信があり優れている

《短所》
・男女問題で波風が立ちやすい
・迷いが多い
・守りが甘い
・独占欲が強い
・競争心が弱い
・現実逃避しがち
・多情な悩みを抱える
・志がなく人間の器が小さい
・言い返しができない
・神経質な性格

◎アライグマ

《長所》

・根気がある
・賢明
・がまん強く思いやりがある
・みだりに批判しない
・感覚が鋭い
・親近感がある
・社交的で組織や個人をうまく活用する
・守りが固い
・落ち着いている
・人並み外れた企画力がある

《短所》

・個性的で頑固
・自己中心的
・利己主義
・遠慮がない
・思い切りが悪い
・分析力が弱い
・すぐに人を当たり散らす
・ときとして陰険になる
・狡猾
・うぬぼれが強い

◎竜

《長所》

・精神力が強く、反骨心がある
・ミステリアスな魅力の持ち主
・幸福を分かち合うことができる
・協力して総合的な交渉ができる
・野心的で指導力がある

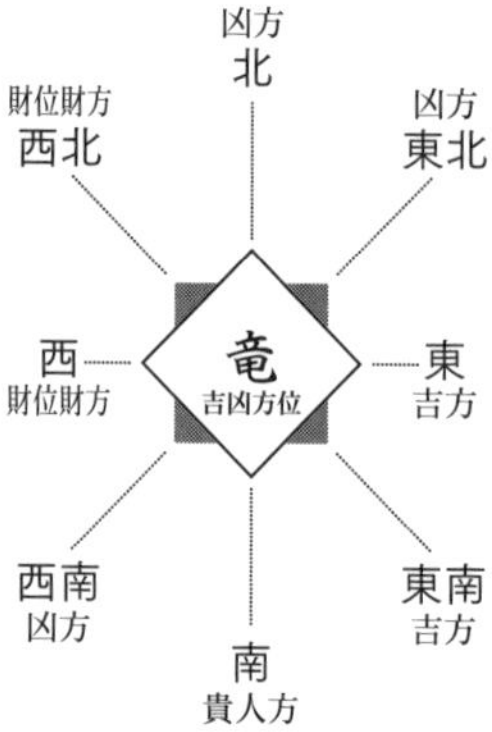

・自信が強い
・時勢を読み機会を得て動く
・判断力に優れている
・分析力に優れ考えが柔軟性
・敏捷性があり即断即決できる

《短所》
・相手に厳しすぎる
・わがままで、横暴
・望みが高く、なかなか満足しない
・色恋沙汰が多い
・損得にこだわりすぎ
・疑い深く人を信用しない
・攻撃的
・自尊心が強くメンツにこだわる
・陰険で、嘘をつくことが多い
・現実主義的

◎水竜

《長所》
・意志が強く精神力・集中力がある
・向上心が高く、知恵がある
・洞察力が鋭い
・攻撃的でない
・切り返しがうまい

・継続力、忍耐力が強い
・冒険的で勇敢
・情が深く家庭に責任を持つ
・楽観的で自信がある
・体力と精神力が強い

《欠点》

・独占欲が強い
・利己的
・個性が強すぎる
・ときとして凶暴、狡猾、乱暴になる
・相手への要求が厳しすぎることがある
・妥協や協調性がみられない
・ときに積極的すぎることがある
・うぬぼれが強い
・冷酷で思いやりがない
・怒りやすく疑い深い

◎魚

《長所》

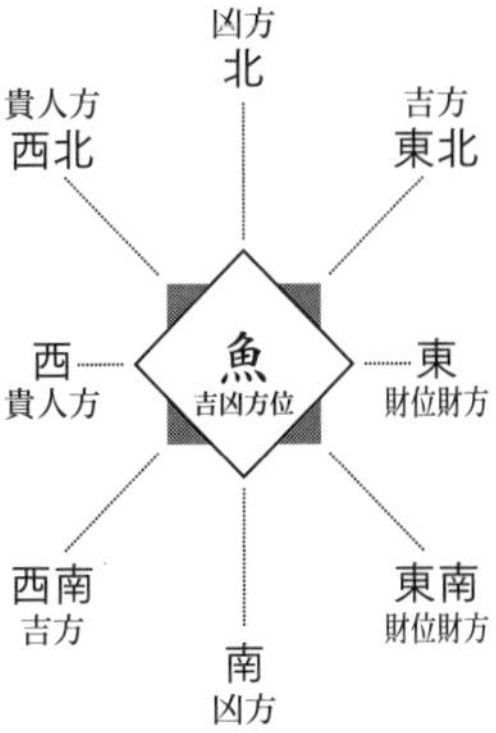

・自信家
・気力・精力に満ちている
・決断力に優れている
・素直
・何事にも忠実
・外敵に対して守りが強い
・勇敢
・実力がある
・努力家
・心が強く折れにくい

《短所》

・自己中心的

・好戦的で負けず嫌い
・あら捜しをする
・妥協することが嫌い
・ときとして傲慢になりやすい
・相手に対する要求が厳しい
・攻撃的すぎることがある
・勝手気ままに振る舞う
・恨みを抱きやすい
・情が薄い

◎ウナギ

《長所》

・思いやりがある
・献身的で犠牲をいとわない
・善行を積み、道徳を守る
・何事にも寛大
・沈着冷静
・物事に対して楽観的
・魅力がある
・穏やかで公正
・和やかで親しみやすい
・思いやりがある

《欠点》

・ときとして反抗的になる
・心配性
・人に利用されやすい
・悪賢く嘘をつくことがある
・自信がない
・志がなく人間が小さい
・優柔不断
・消極的で受け身になりやすい

・現実逃避しがち
・目先の楽しみに流されやすい

◎ミミズ

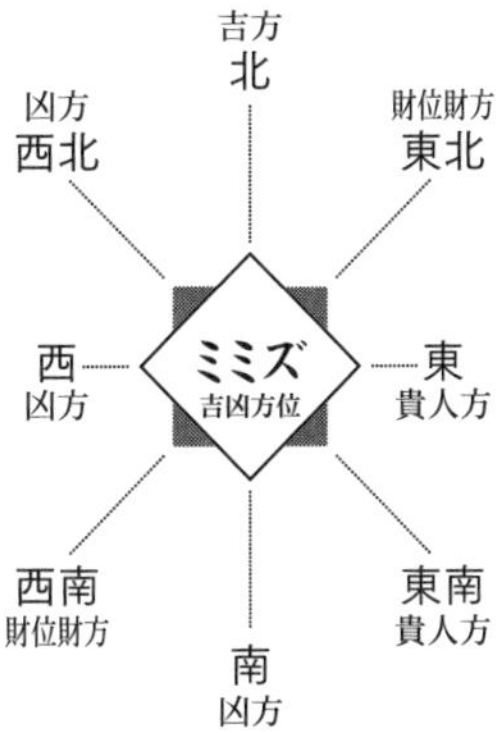

《長所》
・寛容で包容力がある
・協力して人を助ける
・冷静で温和
・謙虚で控えめ
・中庸で争わない
・熱意があり親切
・気前がよく友好的

・恐れ知らずで敢闘精神がある
・犠牲を顧みず献身的
・慈悲深く思いやりがある

《欠点》
・何事も思い通りにしようとする
・独占欲が強い
・消極的で受け身になりがち
・自分の考えがなく流されやすい
・気が利かない
・意思が弱い
・人に利用されやすい
・男女関係に悩まされやすい
・外敵に対して守りが弱い
・神経質で損得にこだわる傾向がある

◎ヘビ

《長所》
・感性が鋭く、知恵と根性がある
・守りが強く控えめ

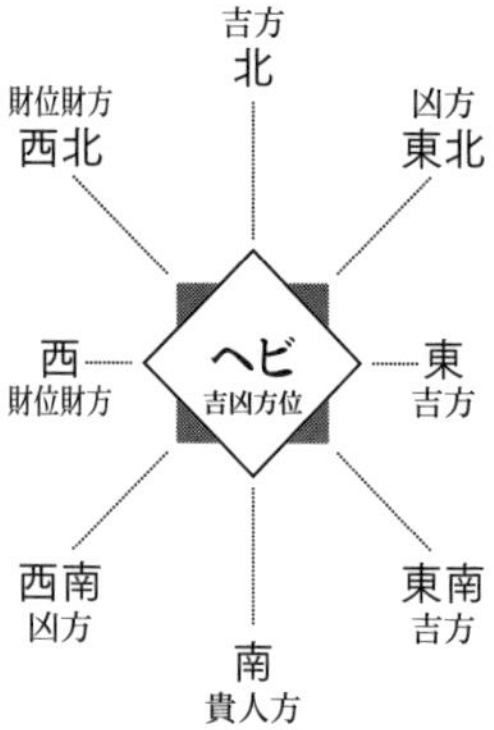

・何事にも押しが強い
・物事を効率よく運ぶ
・敏捷性に優れ反応が早い
・観察力に富む
・分析力に優れている
・がまん強くじっと好機を待てる
・清潔で綺麗好き
・向上心がある

《欠点》
・ときとして利己的になる
・独占欲が強い
・男女問題が多い
・ときに冷酷になりやすい
・情が薄く疑り深い
・ときとして陰険
・残酷になれる
・うぬぼれが強く尊大
・危険を冒しやすい
・勝気で好戦的になりやすい

◎シカ

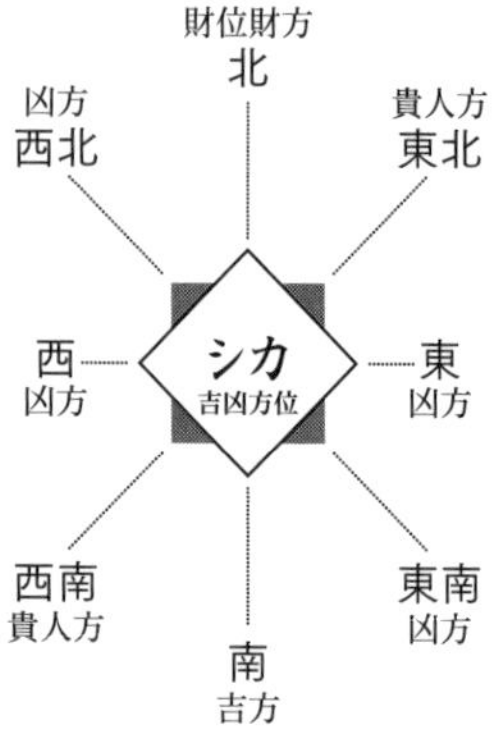

《長所》
・温和
・紳士の風格がある

・まわりからの信頼が厚い
・鑑賞能力がある
・気力に満ち積極的
・争いごとでもルールを守る
・何事にも寛容
・何事にも友好的
・情が深く、愛を感じる
・誰に対しても社交的

《欠点》
・何事に対しても優柔不断
・面子にこだわりやすい
・損得を気にしやすい
・個性が強すぎる
・ときに協調性が劣ることがある
・うぬぼれやすい
・相手に対する要求が厳しい
・独占欲が強い
・何事にも厳しい
・あら捜しをする

◇◇

◎ウマ

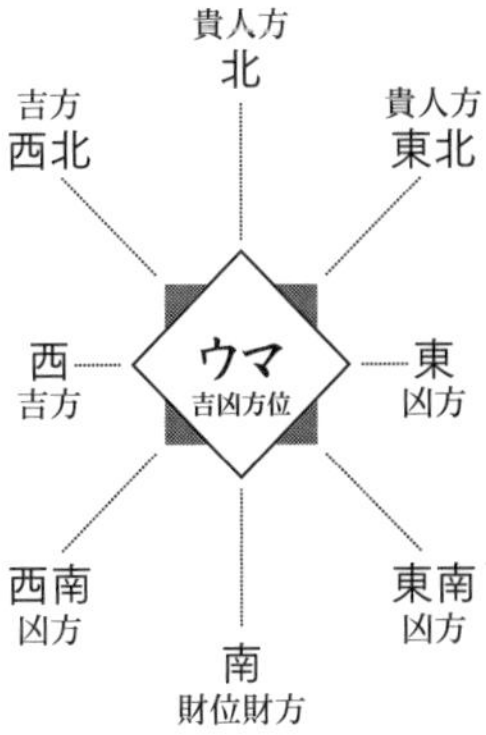

《長所》
・命がけで奮闘する
・素直に言うことを聞く
・柔順な性格
・人情に厚い
・約束を守り信用がある
・何事にも謙虚
・忠実
・倫理観が強い
・正義感があり勇敢
・反応が早く学習力がある

《欠点》

・頑固で個性が強い
・何事にも厳格
・何事にも妥協しない
・独断で事を進める
・あら捜しをする
・受け身になりやすい
・パニックに陥りやすい
・常軌を逸しやすい
・人の感情を害する
・衝動的で、人に利用されやすい

◎ロバ

《長所》

・物事を効率的に進める
・心身ともに健康で充実している
・何事も楽観的に考えられる
・勤勉
・向上心が強く前向き

◇◇

・物事を着実に進められる
・責任感があり信頼が厚い
・人を信頼し任せられる
・何事にも粘り強く忍耐心がある
・どんな苦労でもいとわない

《欠点》

・自己中心的でわがまま
・うぬぼれが強い
・情熱的ではない
・何事にも思慮深くない
・つい恨みを抱くことが多い
・自説を曲げずに頑固

・負けず嫌いで争いを好む
・何事にも受け身になりやすい
・何事にも現実的
・近視眼的で先を見ない

◎ヒツジ

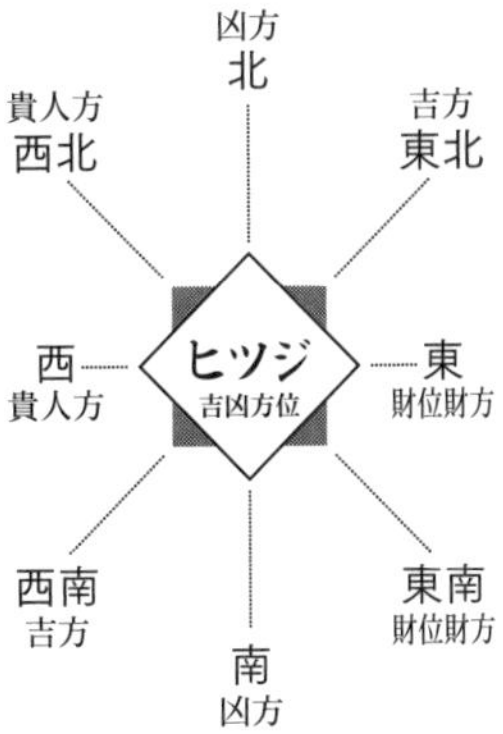

《長所》
・誰に対しても穏やか
・温和で上品
・忍耐強い
・意志を高めて物事に集中できる
・謙虚
・何事にも献身的
・犠牲的精神の持ち主
・ロマンチックで情緒的
・誰に対しても社交的
・人助けして善行を積む

《欠点》
・何事にも自信がない
・人に利用されやすい
・長期的な戦略がない
・現実逃避の傾向が強い
・相手の言いなりになりやす
・い外敵に対して無防備
・自信心がない
・男女関係で迷惑をかけやす
・い何事にもいいかげん
・その場しのぎで場当たり的

◎ワシ

《長所》

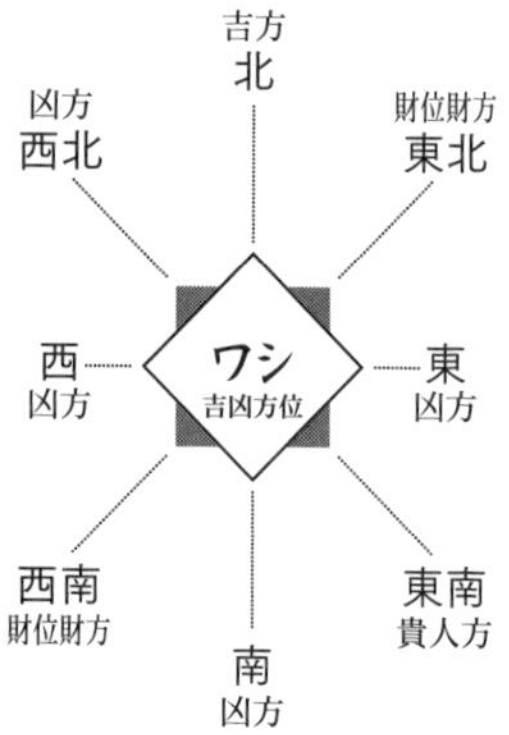

・大所高所の見方ができる
・好機を逃さない
・家庭的
・防御力が強い
・勇敢で何事にもチャレンジ精神がある
・相手に対して寛大
・物事の進め方が迅速で確実
・着実で信用が厚い
・自信、気力がある
・常に理想を持ち大志がある

《短所》

・あまり社交的ではない
・独断的になりがち
・物事に対して偏見が強い
・強情で横柄
・独占欲が強い
・すぐ他人に干渉しがち
・社交性がない
・うぬぼれが強く、尊大なところがある
・相手への要求が厳しすぎることがある
・ときとして凶暴で怒りやすい

◇◇

◎ガン

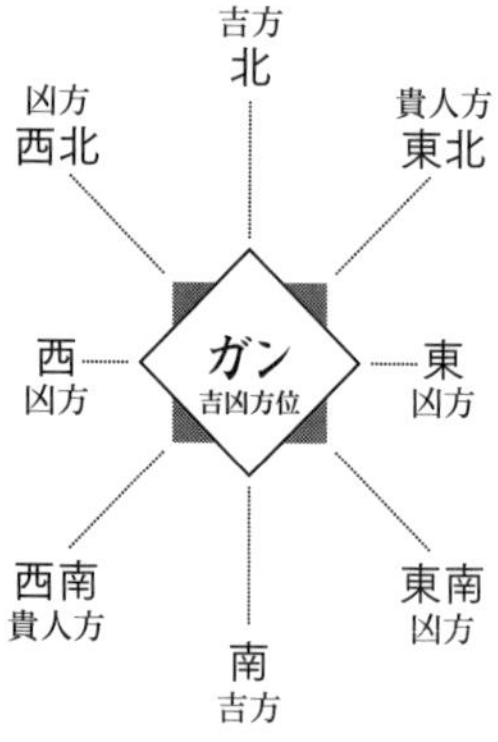

《長所》

・社交性が強い
・体力が常にあふれている
・物事に対して現実的
・何事にも責任感が強い
・向上心が強い
・楽観的に物事を見ることができる
・他人から信頼できると思われている
・忍耐強い
・聡明で知性を併せ持っている
・ユーモアがある

《欠点》

・受け身で独占欲が強い
・嫉妬深い
・悲しみと恨みをかいやすい
・何事にも不安感を与えやすい
・男女関係で悩まされやすい
・どちらかというと神経質
・自分の考えがない
・損得にこだわりすぎる
・勝気が強すぎる
・怒って恨みを抱きやすい

◎ゴリラ

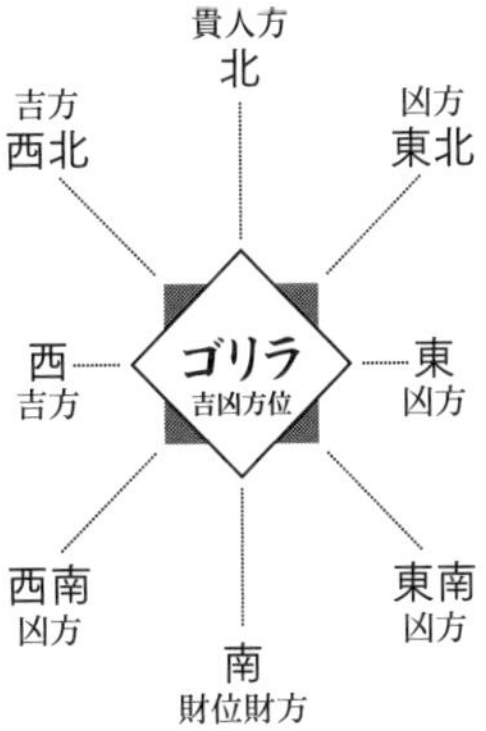

《長所》

・どちらかというと家庭的
・友情に厚い
・何事にも情熱的で幸福を追求する
・動作がすばしっこい
・思いやりがあり信念をもって行動する
・知性があり聡明
・情を重んじる

・寛容、親切、平和、優しさに満ちている
・何事にも協調性がある
・戦略をもって事にあたる

《欠点》
・社会的責任感に欠ける
・反撃力に劣る
・相手に利用されやすい
・目先の安楽を追い求める
・気力がなく長続きしない
・恥ずかしがり屋の傾向
・ややお人好し
・積極的ではなく受け身になりがち
・気落ちすると偏屈になりやすい
・ちょっとしたことで傷つけられやすい

◎チンパンジー

《長所》
・どちらかというと社交的馴染める
・織や社会の社交的規律をよく守る

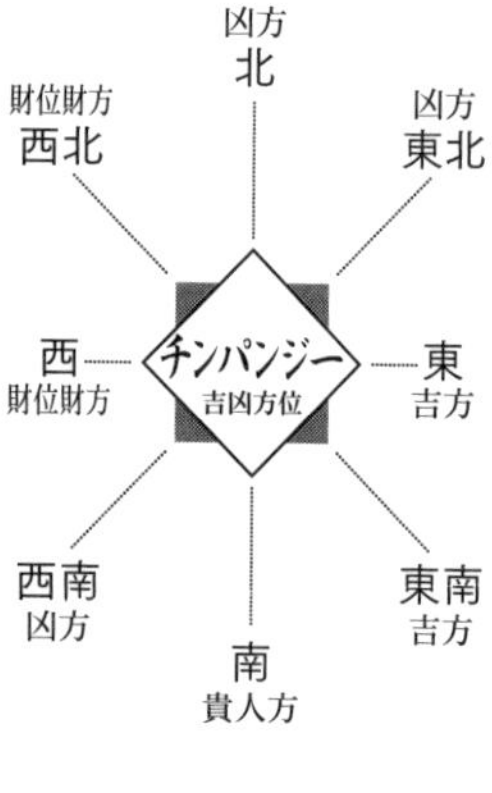

・知的で聡明
・機知に富み学習力とやる気がある
・他者の力と勢いを利用することに優れている
・思いやりがある
・効率的に物事を運ぶことができる
・観察力に優れ判断力がある
・喜びも苦しみも分かち合えることができる
・どんな生活でも楽しみを見つけられる

《短所》
・相手に対する要求が厳しすぎることがあ

る
・独占欲が強い
・反抗心が強くなりすぎることがある
・攻撃的
・野心が強い
・よく裏切り
・ときとして独断的になりがち
・急に態度を変えることがある
・やや疑り深い
・心配性で、損得にこだわる傾向がある

◎サル

《長所》
・知的で聡明
・実行力がある
・何事にも臨機応変に対応できる
・組織を上手に利用できる
・組織の規律やルールを守る
・模倣の才に恵まれている
・他からの圧力を跳ね返すことができる
・友情に厚い
・思いやりがある
・感覚が鋭い

《短所》
・独断的で取り巻き以外を排除する
・偏屈になりやすい傾向
・怒りっぽく過剰反応になりがち
・気落ちすることが多い
・欲しいものは争ってでも奪おうとする
・変わり身が早い
・男女間のトラブルが多い

・どちらかというと疑り深い
・心配性で神経質な面がある
・粗野で粗暴なところがある

◎キジ

《長所》
・情けが深く情熱的
・どんな圧力にも屈しない強さがある
・気高く、華麗で、スマートさがある
・世間に動ぜず、凡人を超えている
・多芸多才
・何事にも賢明で判断力がある
・誰からも信用される
・責任感が強い
・仁義に厚く道徳を重んじる
・話し上手

《欠点》
・怠惰な性格
・わがままな傾向
・虚栄心が強い
・通常見られないおかしな癖がある
・ときとして人に利用されやすい
・冷酷で反抗的な面がある
・甘い言葉に弱い
・うぬぼれが強い
・協調性に欠けることがある
・あら探しや批判を好む

◎トリ

《長所》
・何事にも正義感が強い

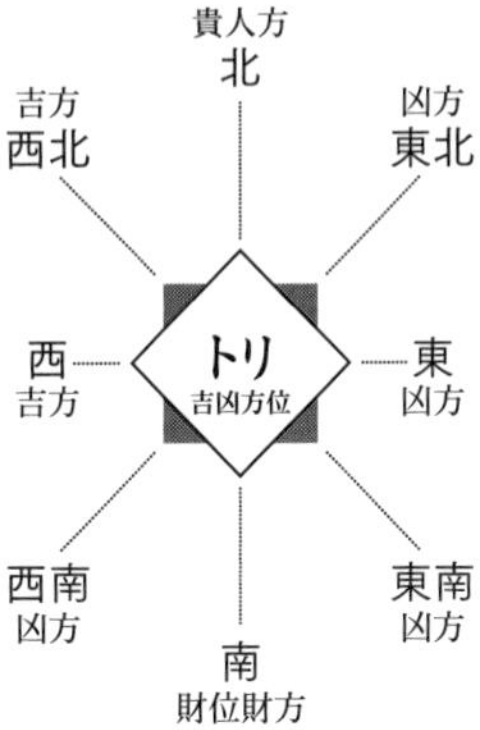

・誰に対しても慈悲深い
・思いやりがあり魅力的
・他人への協力を惜しまない
・指導力がある
・勇敢でたいへん勇気がある
・公正で寛大な考えの持ち主
・犠牲的精神を発揮することが多い
・何事にも奮い立つ性格
・知的で聡明な性格

《短所》
・強情で、自説を曲げようとしない
・協調性がなく、わがまま
・通常見られないおかしな癖がある
・人に利用されやすい面がある
・男女問題で悩まされることが多い
・勝気すぎる面がある
・どちらかというとメンツにこだわる
・短気で忍耐力がない
・変わり身が早い
・怒りやすく神経質

◇◇

◎トビ

《長所》
・いつでも冷静な対処ができる
・立ち居振る舞いが高尚で上品
・細かい点まで注意が行き届いている
・先まで見通し優れている
・尊厳がある
・ほうぼうで才気が感じられる
・正義感が強い
・率直な性格

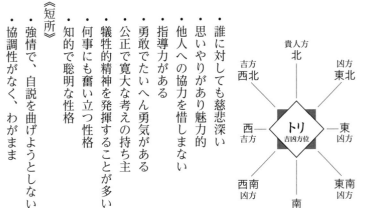

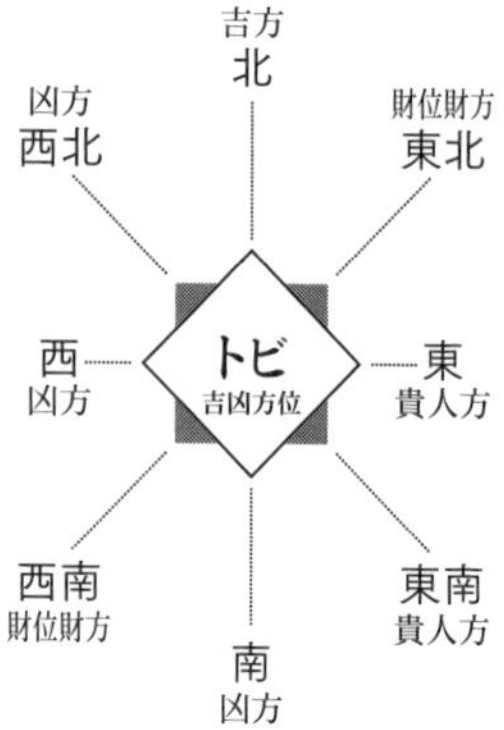

・寛大な心の持ち主
・物事に熱心に取り組む

《欠点》

・どちらかというと人情に薄い
・無情で冷酷なときがある
・強気な性格が裏目に出ることがある
・執念深い性格
・陰謀をめぐらすことがある
・強情で頑固な性格
・ときとして自己中心的になりやすい
・敵をつくりやすい
・争いを好む性格
・独占欲が強い

◎イヌ

《長所》

・学習能力がある
・物事に動じない信念の持ち主
・忠実で誠実な人柄
・温和な性格
・思いやりが人一倍強い
・正義感が強い
・聡明
・あらゆることに勇敢に立ち向かう

・協調性が強い
・天真爛漫な性格

《欠点》
・独断的な性格
・周囲から恨みを抱きやすい
・恐怖心がなかなか抜けない
・何事も損得にこだわる
・災いに飛び込むことがある
・男女の関係に悩みが多い
・依頼心が強く、人に頼りがちになる
・つい強者になびきやすい
・情に溺れやすい
・曖昧でご機嫌取りなところがある

◎オオカミ

《長所》
・社交的
・自分の考えと思想をもって行動する
・困難に立ち向かっていく性格

◇◇◇

・気力を持ち続けることができる
・周囲との協調性がある
・頼りがいがある
・知的で聡明
・能力を発揮して効率的に運ぶことができる
・思慮深い性格
・時勢に遅れず適切な判断を下す

《欠点》
・ときに冷酷になりすぎる
・独断的な考え・行動をする
・偏見の持ち主

・腹黒くて狡猾
・神経質な性格
・怒りやすく性格がよくない
・復讐心が強い
・自己破滅的な性格
・頑固で不謹慎なところがある
・パニックに陥りやすい

◎コヨーテ

《長所》
・団体精神に富み協力して事を進める
・人生を共有するのに適した性格
・活発な性格
・聡明
・よく考えて行動し勇気がある
・好奇心が人一倍強い
・学習能力が高い
・効率的に物事を進める
・何事にも威厳が感じられる
・周囲に安心感を与える

《欠点》
・依頼心が強い
・男女問題に煩わされることが多い
・腹黒い面がある
・性悪なところがある
・自分の考えや主張がない
・創造力がない
・生意気な面がある
・すぐに利益を主張して争いを好む
・独占欲が強い
・現実主義

◎ブタ

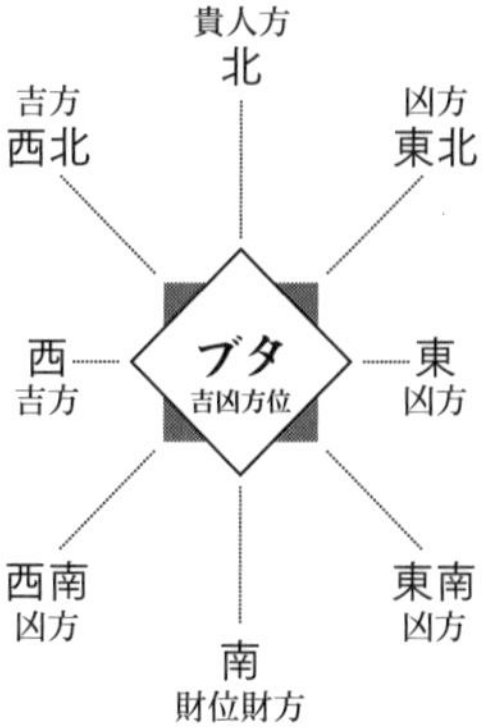

《長所》
- 穏やかに幸せを享受できる
- 温和な性格
- 事の筋道をはっきりとさせる
- 協調性がある
- 情熱的で情感が豊か
- 争いごとを好まず謙虚
- 聡明で先見の明がある
- 思いやりにあふれている
- 温厚な性格
- 観察力と分析力に優れている

《欠点》
- 何事にも自信が欠けている
- 相手に対して反撃力がない
- 防御力が欠けている
- 臆病な面がある
- 孤独を好みたがる
- どちらかというと消極的
- 受け身になることが多い
- 確固たる自分の考えがない
- どちらかというと偏屈
- 人に利用されやすい性格

◎アナグマ

《長所》
- 愚者に見えるが賢者
- 沈着冷静な一面がある
- 攻撃に強く勇敢
- 防御力が強い
- 周囲からの信用が厚い

・共通の目標を持った者同士で協業できる
・気力長続きする
・寛大で実行力がある
・常に危機意識が強い
・着実な性格

《欠点》
・猜疑心が強い
・損得にこだわりすぎる
・強情で性格が悪い
・人から恨みを抱きやすい
・自信がない
・通常見られないおかしな癖がある
・偏見、先入観が強い
・人との交渉能力がない
・組織をじょうずに活用できない
・志が低く思い込みが強い

◎イノシシ

《長所》
・常に進歩を求める
・約束を守り信用がある
・実力と忍耐力を兼ね備えている
・愚者に見えるが賢者
・常に機転がきく

・分析力がある
・洞察力が鋭い
・信念がある
・反撃力が強い
・優雅な物腰

《欠点》
・性格がよくない
・通常見られないおかしな癖がある
・どちらかというと雄弁でない
・うぬぼれが強い
・人に利用されやすい
・近視眼的で長期計画がない
・対立すると恨みや復讐心をもつ
・どちらかというと頑固
・萎縮して逃げることが多い
・好機を逃すことが多い

また、動物ごとに、吉凶方位が定まっていますので、凶方は避け、財位財方（金運アップの方角）や吉方（運気アップの方角）、貴人方（自分の運気アップに関係する人がいる方角）へ足を運ぶようにします。

3. その日に何をしたら運気がアップするか――干支で読み解く開運秘法

干支の「干」の語源は木の幹で、甲《こう》、乙《おつ》、丙《へい》、丁《てい》、戊《ぼ》、己《き》、庚《こう》、辛《しん》、壬《じん》、癸《き》の漢字で表します。この十干を五行「木」「火」「土」「金」「水」にあてはめ、それに陽をあらわす兄《え》と陰をあらわす弟《と》を順に組み合わせ次のように呼びます。

「甲（木の兄＝きのえ）」「乙（木の弟＝きのと）」
「丙（火の兄＝ひのえ）」「丁（火の弟＝ひのと）」
「戊（土の兄＝つちのえ）」「己（土の弟＝つちのと）」
「庚（金の兄＝かのえ）」「辛（金の弟＝かのと）」
「壬（水の兄＝みずのえ）」「癸（水の弟＝みずのと）」

また、十二支の「支」は幹の枝を意味しています。古代中国では天空の方角を12に分け、それぞれの方角の記号として動物の名をつけました。子《ね》、丑《うし》、寅《とら》、卯《う》、辰《たつ》、巳《み》、午《うま》、未《ひつじ》、申《さる》、酉《とり》、戌《いぬ》、亥《い》です。

この「十干」と「十二支」を組み合わせて、次のような60種の組み合わせができます。これが「六十干支」とか「十干十二支」単に「干支」といいます。甲子《きのえね》に始まって、乙丑《きのとうし》、丙寅《ひのえとら》……と順に進み、壬戌《みずのえいぬ》、癸亥《みずのとい》で一巡して最初の甲子に戻ってくるのです。この一巡するのに日にあてはめると60日、年にあてはめると60年かかることになります。

今日が六十干支のどれにあてはまるのかは、万年暦をご覧になってください。万年暦（192頁以降を参照）は、開運や相性、その日の吉凶などがわかる暦で、易学で広く応用され、四柱推命占いの算出の基本となります。年だけでなく、月日の干支（六十干支）、九星、七曜、六曜などが一覧で表示されています。そして、六十干支ごとに何をすれば運気がアップするか、その秘法を紹介しましょう。

【甲子】人と会ったときにきついことを言わない。
【乙丑】人と会ったらまず「こんにちは」と挨拶する。
【丙寅】朝、牛乳とトーストを食べる（ご飯でもよい）。
【丁卯】豪華な造りの家を見て気を吸う。
【戊辰】外に出るとき、黄色いもの（マフラーなど）を身につける。
【己巳】大きいホテルに行き、コーヒーを飲んで仕事に出かける。
【庚午】朝起きたら公園を散歩し、陽気を吸う。
【辛未】朝は豆腐を食し、コーヒー色ないし黄色の服を着る。
【壬申】朝早く起きて、公園や山などで樹木の気を吸う。
【癸酉】朝起きたら自分の寝室を整理整頓する。
【甲戌】帽子をかぶって出かけ、携帯電話のストラップは黄色にする。
【乙亥】朝は公園を一周し、池のほとりで瞑想する。
【丙子】朝はリンゴかブドウを食し、赤い下着を身につける。
【丁丑】牛肉、ビールのほか、リンゴ、イチゴなど赤い食べ物をとる。
【戊寅】幸運の色は白、緑色で、朝食にはトーストと卵を食べる。

【巳卯】寝室から出るとき赤い服を布団の上に置き、グレーの服を着る。
【庚辰】財運があるので宝くじを買うとよい。緑色の食べ物をとる。
【辛巳】朝早く起きて音楽を聴き、コーヒー色か赤色の下着を着る。
【壬午】小指に赤い石の指輪をつける。デートは高級コーヒー店へ。
【癸未】朝食には卵を食し、顔を北に向けて72回深呼吸する。
【甲申】朝食には青リンゴと牛乳、トーストを食べる。
【乙酉】幸運の色は緑で、ランニングで公園を一周する。
【丙戌】朝食はファミレスで食べ、幸運の色の赤か黄色を身につける。
【丁亥】朝風呂に入り、野菜を大めにとり豆腐を食べる。
【戊子】薄いグレーか白の服を着て、ランチに黄色いフルーツを食べる。
【己丑】目上の人に必ず挨拶をし、黄色い飾りのあるものを身につける。
【庚寅】朝には鳥の声を聴き、家の中の盆栽の上に赤い飾りを置く。
【辛卯】異性運があり、女はグレーか黒、男は藍か黒のスーツを着る。
【壬辰】朝はホテルでコーヒーを飲み、黄色系のものを身につける。
【癸巳】開運の食べ物チョコレート、豆腐、キウイ、ブドウを食べる。
【甲午】朝8時前に家を出て、東北方向に5分間歩くと財運が上がる。
【乙未】朝は風呂に入り、男は赤いネクタイ、女は花柄を身につける。
【丙申】朝食は牛乳やオレンジを食し、東南に向かって9回礼をする。

【丁酉】朝はローズティーを飲み、薄紫か白色の服を着る。
【戊戌】朝は蜂蜜入りのジュースを飲み、黄色系の服を着る。
【己亥】朝はジャズかピアノ音楽を聴き、黒か白の服を着る。
【庚子】朝食は豆乳を飲み、男は白シャツ、女は黒か藍色の服を着る。
【辛丑】朝食は黄色い果物を食し、素足で土を踏む。
【壬寅】早朝公園や山で体操し、音楽を聴いて瞑想する。
【癸卯】グリーン系のものを着、北の方角で財運アップする。
【甲辰】朝起きたら緑の植物を15分眺め、イチゴやサラダを食べる。
【乙巳】朝起きたらベッドに夫婦の服（独身なら紫の服）を並べる。
【丙午】目上の人に挨拶し、女は黄色い花を、男は万年筆を胸に挿す。
【丁未】朝はドリンクヨーグルトや牛乳を飲み、白やグレーの服を着る。
【戊申】財運をアップさせるため、株価をテレビやネットでチェックする。
【己酉】男は薄いブルーのシャツを着、女は紫色の飾りを胸につける。
【庚戌】朝食はトースト&バターで、デートは賑やかな東南方向がよい。
【辛亥】黒ごま、キャベツ、大根が開運の食べ物で、北西方向は避ける。
【壬子】異性運が強い日で、黒または藍色系の服を着る。
【癸丑】緑黄色野菜を食べ、外出時は必ず金属の飾り物を身につける。
【甲寅】外出時に室内の東北方向に36枚のコインを入れたお皿を置く。

【乙卯】黒色の靴を履いて外出し、東に行けば財運アップになる。
【丙辰】幸運グッズは植物、スニーカーで、食事は牛乳、パン、メロンがよい。
【丁巳】朝はホテルの喫茶室でコーヒーを飲み、よい気を吸う。
【戊午】朝はシャワーを浴び、金の飾り物を身につけるかバッグに入れる。
【己未】朝熱いシャワーを浴び、水辺の公園を散歩して、水の流れを見る。
【庚申】開運のダイヤか水晶、真珠、銀飾りを身につけ、怒らないこと。
【辛酉】朝はアロマオイルの入浴剤のお風呂に入り、デートは南方向へ。
【壬戌】黄色い食べ物を食べ、女性もズボンを履いて出かける。
【癸亥】朝5〜7時に起き、太陽に向かって72回深呼吸をする。

4．九宮飛星で幸運を呼ぶ部屋づくり

本命卦（23ページ参照）や干支（82ページ参照）、三十六生肖（83ページ参照）などはいずれも生まれた年によって、幸運の方位やその人の性格などがあらかじめ決まっており、それをもとにして占うものです。ここで紹介する「九星」も生まれたときの「気」がその後の運気に関係するもので、古代中国の思想に端を発します。私たちがこの世に生を受けると同時に、大自然の「気」に触れて産声を上げ、呼吸をし始めた瞬間からその性格や運命に大きな影響を与えられ、それぞれの一生を歩むとされるのです。

「気」は形がありません。気はだれもがもっているエネルギーです。気は「大気」として宇宙に存在

し私たちに生命の息吹を与えてくれます。これら気や大気のあり方、方向性を占う運命学が九星気学です。九星気学は単に九星とも呼ばれ、九星術、九星占いなどとも呼ばれています。

この九宮飛星気学は、人間を含めたあらゆる物事や現象を「一白水星《いっぱくすいせい》、二黒土星《じこくどせい》、三碧《さんぺき》木星《もくせい》、四緑木星《しろくもくせい》、五黄土星《ごおうどせい》、六白金星《ろっぱくきんせい》、七《しち》赤金星《せききんせい》、八白土星《はっぱくどせい》、九紫火星《きゅうしかせい》」の九つの星（本命星と言います）に当てはめ、この星の動きからさまざまな吉凶を判断していきます。九星の木星・火星・土星・金星・水星は天体の惑星ではなく、易の八卦からくるものです。

自分の運勢を知り、宇宙にみなぎるエネルギーの力を借りて、自らの手で開運していくことができる占いの一つです。

九星気学では、生まれ年によって「本命

一白水星	二黒土星	三碧木星	四緑木星	五黄土星	六白金星	七赤金星	八白土星	九紫火星
1954年	1953年	1952年	1951年	1950年	1949年	1948年	1947年	1946年
1963年	1962年	1961年	1960年	1959年	1958年	1957年	1956年	1955年
1972年	1971年	1970年	1969年	1968年	1967年	1966年	1965年	1964年
1981年	1980年	1979年	1978年	1977年	1976年	1975年	1974年	1973年
1990年	1989年	1988年	1987年	1986年	1985年	1984年	1983年	1982年
1999年	1998年	1997年	1996年	1995年	1994年	1993年	1992年	1991年
2008年	2007年	2006年	2005年	2004年	2003年	2002年	2001年	2000年
2017年	2016年	2015年	2014年	2013年	2012年	2011年	2010年	2009年
2026年	2025年	2024年	2023年	2022年	2021年	2020年	2019年	2018年
2035年	2034年	2033年	2032年	2031年	2030年	2029年	2028年	2027年
2044年	2043年	2042年	2041年	2040年	2039年	2038年	2037年	2036年
2053年	2052年	2051年	2050年	2049年	2048年	2047年	2046年	2045年

星」が決まっていますが、下の表を参考にすれば、あなたの本命星がどれかはわかるでしょう。また、簡単な出し方として、生まれた西暦年を10以下になるまで繰り返し足して、その数字から11を引いても求められるのです。

1983年は、1+9+8+3=21　↓　2+1=3　↓　11−3=8（八白土星）

この出し方は、表に載っていない歴史上の人物などの本命星を知る時にも役立ちますので、覚えておいて損はないでしょう。ちなみに、織田信長は1534年生まれですから、

1+5+3+4=13　↓　1+3=4　↓　11−4=7（七赤金星）です。

①一白水星《いっぱくすいせい》

●ラッキーアイテム……水晶の花瓶、水槽、金魚鉢、暖かみのあるランプ、月の写真

●ラッキーフラワー……スイセン、ライラック

●ラッキーフレグランス……ハッカ、レモンなどの柑橘系

●ラッキーカラー……白、シルバー、グレー

●ラッキーポイント……間接照明などを使って、リラックスできる空間

②二黒土星《じこくどせい》

●ラッキーアイテム……陶器の花瓶や置物、キャンドル、畳

●ラッキーフラワー……スズラン、ナノハナ

●ラッキーフレグランス……ジャスミン、茶
●ラッキーカラー……黒、茶、金、黄色
●ラッキーポイント……畳や天然木材を使って、クラシックな雰囲気を感じさせる空間

③三碧木星《さんぺきもくせい》
●ラッキーアイテム……小さい動物の飾り物、バスケットにフルーツを盛る、ソファー
●ラッキーフラワー……ウメ、チューリップ
●ラッキーフレグランス……ラベンダー、レモンなどの柑橘系
●ラッキーカラー……オレンジ、紫、蛍光色
●ラッキーポイント……活動的なイメージのあるグッズを置き、色は華やかなものを

④四緑木星《しろくもくせい》
●ラッキーアイテム……風鈴、ロールカーテン、ミニ地球儀、花のある植物
●ラッキーフラワー……ヒナゲシ、サクラ、ショウブ
●ラッキーフレグランス……フローラルブーケ、森林
●ラッキーカラー……緑、青
●ラッキーポイント……床はフローリングにし、風通しをよくし、観葉植物を置く

⑤五黄土星《ごおうどせい》

●ラッキーアイテム……サボテン、小テーブル、香炉、カレンダー、
●ラッキーフラワー……シュウメイギク、アジサイ、ダリヤ
●ラッキーフレグランス……茶、東方系
●ラッキーカラー……黄、茶、黄土色
●ラッキーポイント……色は多く使わないで、和風の空間にする

⑥六白金星《ろっぱくきんせい》
●ラッキーアイテム……水晶製品、宝石の箱、旅行で買ったお土産などを飾る
●ラッキーフラワー……コスモス、ユリ
●ラッキーフレグランス……磯の香り
●ラッキーカラー……白、緑
●ラッキーポイント……整理整頓が苦手なので収納をまず考えて空間をつくる

⑦七赤金星《しちせききんせい》
●ラッキーアイテム……真珠製品、貝殻、収集グッズの陳列ケース、額縁が金色の額
●ラッキーフラワー……バラ、キンポウゲ
●ラッキーフレグランス……バラ、ジャスミン
●ラッキーカラー……赤、黄、ピンク

●ラッキーポイント……好みの鏡を寝室に置き、寝るときはカバーをかける

⑧八白土星《はっぱくどせい》

●ラッキーアイテム……陶器の花瓶、ベッドカバー、タペストリー
●ラッキーフラワー……スイトピー、アマリリス
●ラッキーフレグランス……ビャクダン、松
●ラッキーカラー……白、茶、緑
●ラッキーポイント……三角形またはハート型の抱き枕を置き、和洋折衷式の空間にする

⑨九紫火星《きゅうしかせい》

●ラッキーアイテム……キャンドル、フクロウの飾り物、記念写真、絵画、リトグラフ
●ラッキーフラワー……ヒマワリ、キキョウ、アサガオ
●ラッキーフレグランス……オレンジなどの柑橘系、熱帯系
●ラッキーカラー……紫、赤、金
●ラッキーポイント……ライトやキャンドルなどを使って華やかに明るい空間にする

日テレ　スクール革命に出演

TBS　王様のブランチに出演

老人ホームボランティア

週刊KPA!に除霊
掲載されました

玉 仙妃の鑑定風景

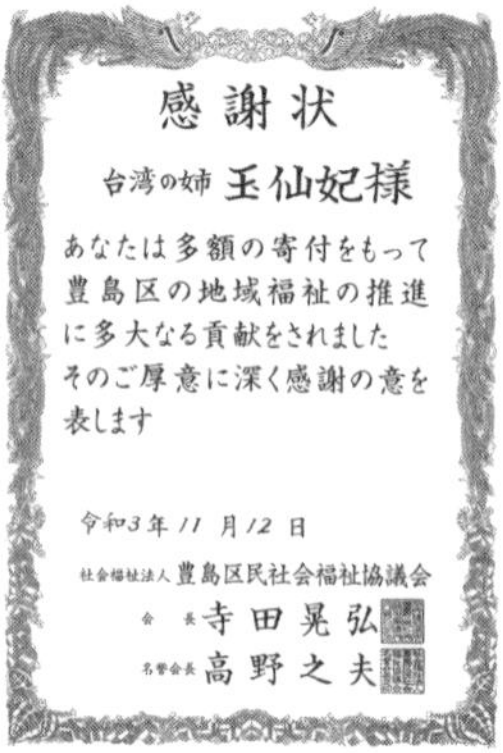

感謝状

台湾の姉 玉仙妃様

あなたは多額の寄付をもって
豊島区の地域福祉の推進
に多大なる貢献をされました
そのご厚意に深く感謝の意を
表します

令和3年 11 月 12 日

社会福祉法人 豊島区民社会福祉協議会
会　長 寺田晃弘
名誉会長 高野之夫

感謝状

第5章

玉仙妃が授ける護符と開運ブレスレット

1．護符――大願成就&厄払いに絶大な効果あり

護符とは、一般的に霊能力者が気を込めて封印した呪力のあるお札をいいます。古代中国に起源をもつ「霊符」の一種で、史書には歴史上の数々の奇跡をもたらせたと記されているのです。紙などに神仏の名や文字、記号、絵、真言などが記してあり、その種類は300以上。願い事の数だけあるといわれています。

一見すると何が書いてあるかわからない、判読不明の絵は、陰陽道では神仙が上空から地上を見下ろした光景を映した図、太陽や月の動きを気の流れとしてこれを写した図などとされています。文字でも絵でも、そこには隠された意味があり、込められているパワーがそれぞれ異なるのです。それゆえに災いが消え失せたり、幸運が訪れたりとさまざまな願いが叶うようになっているのです。護符には、また、願いを実現したいというあなたの潜在能力を引き出す役目があります。

通常は、護符をそのまま見につけたり、壁に貼ったりしますが、それは単なるお守り札にすぎません。古くからの呪術どおりに、本書では特別な護符を用意しました。本書の護符は、玉仙妃が気を封印したもので、目的別に32種あります。古式にのっとって玉仙妃が一枚一枚に霊力を込めたものを特別に印刷したものです。

護符の裏に、生年月日と名前、住所を記入して、燃やします。燃やした後の灰を水に溶かして、それを霧吹きなどでわずかな量で構いませんので、対象となる自分や相手にかけます（商売繁盛や良縁を願うなら自分に、ご主人の病気が治るのを願うのならご主人にかけます）。

ただし、護符は、願いを込めたものにすぎません。いくら玉泉妃の「気」が封印されているからと

いって、ただ「燃やした後の灰を溶かした水」をかけただけでは願い事は叶うことはないのです。護符は作り手（玉泉妃）のパワーに比例して効果が強くなりますが、それだけでなく、あなたご自身も強く念じることで、初めて護符に込められた力が引き出せるのです。人間が本来備えもっている思い（念といってもよいでしょう）を増強し、願い事を実現に導くことになります。

また、特殊な護符（㉗番）もあります。いつも意地悪して困らされている人がいてなんとかしたいと思っているときに使うものです。相手の名前と住所、生年月日を書いてから、自分の靴の中敷の下に入れます。それを49日間踏みっぱなしにしていると、きっと嫌がらせなどがなくなっているはずです。

護符の効力は一年間です。あなたの願いを叶える一つの手段・方法であり、本書の護符の霊力によって皆さまのお役に立てればこの上ない喜びです。

各護符の効力

護符① パートナーのいる男女向け／相手と別れない護符
護符② パートナーのいない男女向け／相手が出来る護符
護符③ 子供が欲しい男女向け／子宝の護符
護符④ 家の魔除けの護符
護符⑤ 病気を治す護符
護符⑥ 家内安全の護符
護符⑦ 仕事運が強くなる護符
護符⑧ 身を守る／護身の護符
護符⑨ 健康長寿の護符
護符⑩ 家族の平安のための護符
護符⑪ 引っ越しが無事終えるための護符
護符⑫ 商売繁盛の護符
護符⑬ 厄年を無事過ごすための護符
護符⑭ 子供の反抗期を抑える護符
護符⑮ 人間関係を良くする護符
護符⑯ 男女の縁を切る護符
護符⑰ 運気を上げる護符
護符⑱ 長生きする護符
護符⑲ 手助けしてくれる人が得られる護符
護符⑳ パートナーのいる男女向け／相手が心変わりしない護
護符㉑ あらゆる災難を避ける護
符護符㉒ 旅行が無事終えられる
護符護符㉓ 就職が希望通りかな
護護㉔ 女性向け／良縁に恵まれる護符
護符㉕ 男性向け／良縁に恵まれる護符
護符㉖ 金運を招く護符
護符㉗ 嫌な人と縁を切る護符（靴の中に49日入れる）
護符㉘ 試験が合格する護符
護符㉙ 悪い縁を切る護符
護符㉚ ギャンブル運が強くなる護符
護符㉛ 悪い夢を見なくなる護符
護符㉜ 健康維持のための護符

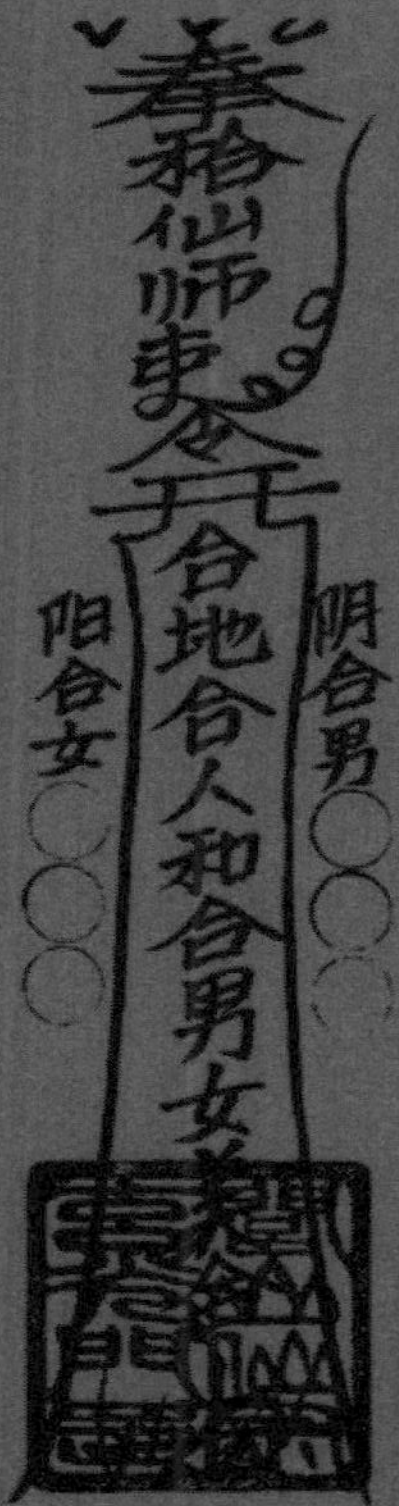

①

②

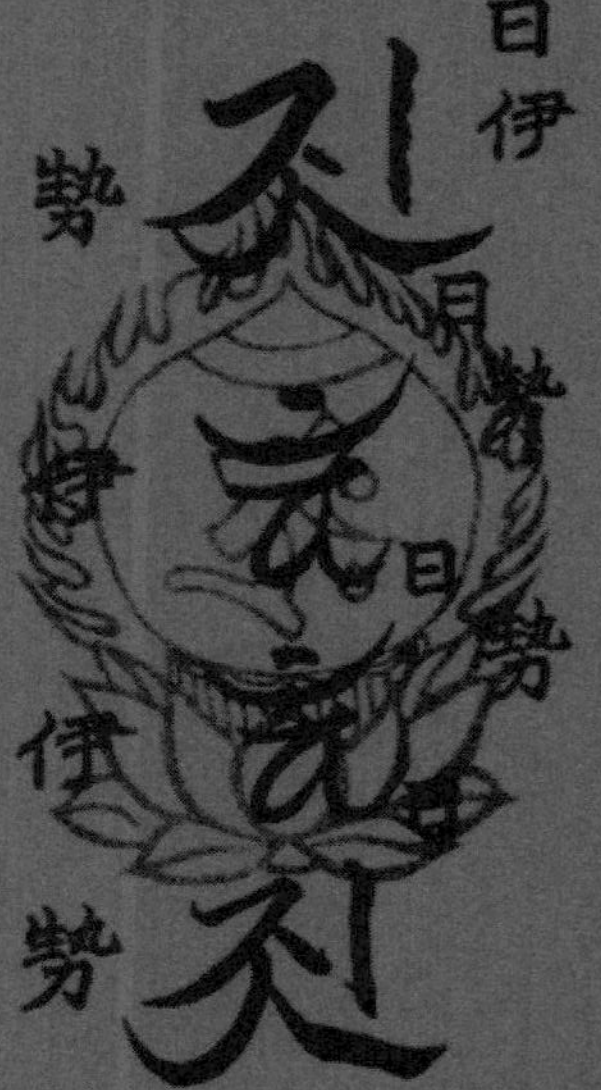

③

④

住所
氏名
生年月日

祈祷済

住所
氏名
生年月日

祈祷済

住所
氏名
生年月日

祈祷済

住所
氏名
生年月日

祈祷済

⑤

⑥

⑦

⑧

住所

氏名

生年月日

祈祷済

住所

氏名

生年月日

祈祷済

住所

氏名

生年月日

祈祷済

住所

氏名

生年月日

祈祷済